一步到位精修电动车充电器与控制器

第 2 版

洛阳市绿盟电动车维修培训学校　组编
刘遂俊　主编

机　械　工　业　出　版　社

本书采用图解 + 视频的形式，以实际操作为重点，系统地介绍了电动车充电器和控制器的结构、工作原理、故障检修流程和检修技巧等。

本书首先介绍了电子元器件的识别、检测和代换技巧；然后详细介绍了充电器和控制器的结构和工作原理；接着深入分析了充电器和控制器电路以及易损件的检测和更换技巧；最后通过一些典型的故障检修实例总结了电动车充电器和控制器的故障检修流程和技巧。本书对复杂的结构原理和维修流程的各个步骤进行图像和视频展现，并辅以文字说明，形象直观，读者如亲临维修现场，边看边学、边学边修、快速上手，具有很强的实用性和可操作性。

本书适合电动车维修技术人员、初学维修人员、业余维修人员、售后服务人员、职业培训学校师生、新农村建设技能培训学员及电动车维修爱好者阅读学习。

图书在版编目（CIP）数据

一步到位精修电动车充电器与控制器/刘遂俊主编.—2版.—北京：机械工业出版社，2022.4
ISBN 978-7-111-70157-6

Ⅰ.①—… Ⅱ.①刘… Ⅲ.①电动自行车 – 蓄电池 – 维修②电动自行车 – 控制电路 – 维修　Ⅳ.①U484.07

中国版本图书馆 CIP 数据核字（2022）第 027127 号

机械工业出版社（北京市百万庄大街22号　邮政编码100037）
策划编辑：刘星宁　　　　责任编辑：刘星宁　朱　林
责任校对：肖　琳　李　婷　封面设计：马精明
责任印制：邓　敏
三河市骏杰印刷有限公司印刷
2022年4月第2版第1次印刷
184mm×260mm・10印张・243千字
标准书号：ISBN 978-7-111-70157-6
定价：49.00元

电话服务　　　　　　　　　网络服务
客服电话：010-88361066　　机 工 官 网：www.cmpbook.com
　　　　　010-88379833　　机 工 官 博：weibo.com/cmp1952
　　　　　010-68326294　　金 书 网：www.golden-book.com
封底无防伪标均为盗版　机工教育服务网：www.cmpedu.com

序

  电动自行车作为短距离代步工具，具有环保、经济等诸多优势，为人们所喜爱。如今骑电动车已经成为一种时尚，越来越多的人选择这种低碳环保的出行方式。未来其将取代自行车和摩托车，成为城乡居民理想的日常交通工具。

  国内电动自行车的产销量持续高速增长，促进了新的维修行业——电动自行车维修业的蓬勃发展。电动自行车是集电子、电化学、电磁和机械为一体，技术含量高的新型科技产品，特别是近年来，电动自行车技术的发展速度超出了人们的想象，各种新技术、新材料不断应用于电动车辆，电动车辆智能化程度越来越高，功能越来越强大。尤其对电动自行车的生产、调试、维护和维修工作的从业人员需求日益增多，越来越多的人开始从事电动车辆的生产、调试、维修等工作。由于电动自行车工作环境和道路颠簸等原因，风里来雨里去是经常的事，由于用户操作使用不当，高故障率在所难免。针对这一现状，我们进行了深入的市场调研，对当前流行的具备典型代表性的各种电动自行车进行细致的层次划分，并组织编写了一步到位精修电动车系列图书，力求让学习者通过集中式强化学习、操练，在短时间内能一步到位学会电动自行车维修技术。

  该系列图书具有以下特点：

  1）该系列图书不同于以往的技能培训图书，以"手把手"教学的方式进行定位；以"零起步一步到位"为基本编写准则，既照顾零基础的初学者，又考虑到有基础的维修人员想深入学习高、新、深的维修技术，按照化整为零的思想，介绍了电动自行车各个主要组成部分的结构组成、工作原理、拆装技巧、检测与维修更换要领，具有极强的操作性和实用性。

  2）该系列图书特色是采用图像+文字的表达方式，将实物照片、电路图、操作图相结合，语言简单易懂，并且读者可以通过手机扫描二维码，观看实际维修视频，生动形象地再现了电动自行车的维修过程，便于读者理解，使读者如临现场，从而达到一步到位学会电动自行车维修的目的。

  3）具体编写时以"本章导读""结构原理""注意事项""重要提示""知识链接""操作禁忌""经验总结""故障分析"为编写标题，突出知识的重点和难点，使初学者从零起步也能"一步到位"掌握电动自行车维修技术。

  4）该系列图书的另一大特色是以练为主，这种编写模式区别于以往培训图书以学为主的培训理念，以练代学，注重读者实际动手操作能力。以市场需求为导向，以指导就业为培训原则，使读者真正可以"一步到位"学会维修技术。

  5）最具特色的是，该系列图书在编写时，采用先进的数码照片和微视频技术，将复杂的结构原理和维修流程按步骤以实物现场拍照和录像的形式进行展现，全程记录实操过程，具有较强的实物感和现场感，并辅以易学实用的文字说明，便于读者理解和掌握，力求让读者一看就懂、一学就会、一用就灵。

6）对于广大电动自行车维修人员，特别是没有维修经验、初学维修的人员和想从事电动自行车维修店经营的人员来说，各种资料、仪器、工具和配件的选购成为难点，所以该系列图书在编写时，对这部分内容进行详细介绍，有些内容还在附录中以表格的形式进行了展示，方便读者查阅。

该系列图书由洛阳市绿盟电动车维修培训学校组织编写，校长刘遂俊主编，参加编写的人员都是从事电动自行车培训和维修工作的技术人员，具有较深的理论基础和丰富的实践经验，书中所介绍的维修技术都来源于维修实践，具有很强的针对性和实用性。

由于电动自行车维修使用数字式万用表比较方便，本系列图书重点对数字式万用表进行介绍，书中所测的数据，如果不做特殊说明，均为使用 DT9205A 数字式万用表测得的结果。考虑到维修行业的特殊性，为了便于读者在实际维修时对照参考，书中采用了理论值和实测值两种说法。另外，编写时部分图形符号和文字符号并未按照国家标准做统一修改处理，这点请读者阅读时注意。

通过本系列图书的学习和实践，读者可以迅速成为电动自行车维修的行家能手，如果读者需要购买维修设备、工具、配件以及想要参加技术培训，可以通过以下方式与作者联系。

洛阳市绿盟电动车维修培训学校（本书附赠超值学习卡）

联系地址：河南省郑州市高新区红桦街师新庄社区北门西 20 米，超威电池厂家专卖店

联系电话：15824994061，15137123878

前言

随着电动车生产技术与维修观念的不断创新，维修电动车不应只局限于一般的维修——对电动车四大件的故障查找和更换等传统内容，而应由一般性维修向改善维修拓展，由恢复性维修向改造性维修拓展。只有这样，才能满足不同层次的维修需求。为此作者编写本书，重点介绍电动车充电器和控制器内部电子元器件的检修和代换。

第一章介绍充电器和控制器检修基本知识。第二章介绍检修常用工具和仪表的使用技巧。第三章介绍电子元器件的识别和检测方法。第四章介绍开关电源电路的结构、原理和单元电路识别。第五章介绍充电器电路分析和故障维修。第六章介绍控制器电路分析和故障维修。第七章介绍充电器和控制器故障的维修方法和实例。

另外，本书还给出了大量故障维修方法和技巧，供维修人员对照学习。在附录中提供有多种充电器和控制器电路原理图供维修人员查阅。

更具特色的是，本书采用图文+视频相结合的表达方式，通俗易懂、实用性强，读者如亲临维修现场，一看便懂、一学就会，既适合初学者阅读，又适合有一定维修基础的人员参考，也可供职高、技校相关专业及培训班人员阅读。

本书由洛阳市绿盟电动车维修培训学校组织编写，校长刘遂俊任主编。参加本书编写的人员有马利霞、刘伟杰、刘伟豪、刘月玲、李建兴、丁水良、丁惠利、丁少伟、刘武杰等同志。另外，书中仪器和相关技术资料由洛阳市绿盟电动车维修学校提供，在此一并表示感谢。

由于作者水平有限，加之时间仓促，书中难免存在疏漏之处，敬请广大读者批评指正。

作者

目 录

序
前言

第一章 充电器、控制器检修基础知识 ………………………………………… 1

★第一节 充电器、控制器结构组成 ………………………………………… 1
　一、充电器结构组成 ………………………………………………………… 1
　二、控制器结构组成 ………………………………………………………… 2
★第二节 充电器、控制器检修电路基础知识 ……………………………… 4
　一、电压 ……………………………………………………………………… 4
　二、电流 ……………………………………………………………………… 5
　三、电阻 ……………………………………………………………………… 6
　四、欧姆定律 ………………………………………………………………… 6
　五、导体 ……………………………………………………………………… 6
　六、绝缘体 …………………………………………………………………… 7
　七、半导体 …………………………………………………………………… 7
　八、功率 ……………………………………………………………………… 7
　九、电路 ……………………………………………………………………… 7
　十、空载和负载 ……………………………………………………………… 8
　十一、电路图和框图 ………………………………………………………… 9
★第三节 电子元器件的拆卸及焊接技巧 …………………………………… 10
　一、元器件的拆卸技巧 ……………………………………………………… 10
　二、元器件的焊接技巧 ……………………………………………………… 11

第二章 充电器、控制器检修常用工具和仪表的使用技巧 …………………… 14

★第一节 检修常用工具 ……………………………………………………… 14
　一、螺丝刀 …………………………………………………………………… 14
　二、老虎钳和尖嘴钳 ………………………………………………………… 14

三、剥线钳和斜嘴钳 ······ 15
四、电烙铁 ······ 15
五、焊锡丝和松香 ······ 16
六、吸锡器 ······ 17
七、壁纸刀和剪刀 ······ 17
八、302胶 ······ 18
九、放大镜 ······ 19
十、镊子和尖针 ······ 19
十一、热熔胶枪和塑料胶条 ······ 20
十二、带风焊塑枪 ······ 20
十三、热风枪 ······ 21

★第二节 检修常用仪表的使用技巧 ······ 22
一、数字式万用表 ······ 22
二、指针式万用表 ······ 26
三、电容、电感表 ······ 30
四、无刷电动车综合检测仪 ······ 32
五、电动车四大件检测仪 ······ 33

第三章 电子元器件的识别和检测方法 ······ 37

★第一节 电阻器的识别和检测方法 ······ 37
一、电阻器的作用、符号和电阻值单位 ······ 37
二、电阻器的分类、命名方式和标注方法 ······ 38
三、电阻器的检测、常见故障和代换 ······ 42

★第二节 电容器的识别和检测方法 ······ 42
一、电容器的作用、符号和电容量单位 ······ 42
二、电容器的分类和命名方式 ······ 42
三、电容器的型号参数和标注方法 ······ 44
四、电容器的检测、常见故障和代换 ······ 45

★第三节 二极管的识别和检测方法 ······ 46
一、二极管的结构和作用 ······ 46
二、二极管的分类 ······ 47
三、二极管和三极管的命名方式和符号 ······ 49
四、二极管的标注方法 ······ 49

五、二极管的检测、常见故障和代换 …………………………………… 50

★第四节　三极管的识别和检测方法 ……………………………………… 51

　　一、三极管的作用和结构 ………………………………………………… 51

　　二、三极管的分类、文字符号和图形符号 ……………………………… 52

　　三、三极管的检测、常见故障和代换 …………………………………… 53

　　四、场效应管的识别和检测方法 ………………………………………… 54

★第五节　其他元器件的识别和检测方法 ………………………………… 56

　　一、电感器的识别和检测方法 …………………………………………… 56

　　二、变压器的识别和检测方法 …………………………………………… 57

　　三、集成电路的识别和检测方法 ………………………………………… 58

　　四、熔丝管的识别和检测方法 …………………………………………… 60

　　五、霍尔元件的识别和检测方法 ………………………………………… 60

　　六、互感滤波器的识别和检测方法 ……………………………………… 62

　　七、光电耦合器的识别和检测方法 ……………………………………… 62

　　八、风机的识别和检测方法 ……………………………………………… 63

　　九、散热片和导热硅脂的识别 …………………………………………… 64

第四章　开关电源电路的结构、原理和单元电路识别 ……………………… 65

★第一节　开关电源电路的结构、原理 …………………………………… 65

　　一、开关电源电路的优点 ………………………………………………… 65

　　二、开关电源电路的原理 ………………………………………………… 66

　　三、开关电源电路的结构 ………………………………………………… 66

★第二节　充电器、控制器单元电路的识别 ……………………………… 67

　　一、市电电源变压电路 …………………………………………………… 67

　　二、市电滤波电路 ………………………………………………………… 67

　　三、市电整流滤波电路 …………………………………………………… 68

　　四、启动和振荡电路 ……………………………………………………… 69

　　五、稳压电路 ……………………………………………………………… 69

　　六、显示电路 ……………………………………………………………… 73

★第三节　充电器、控制器常用IC的识别和检测 ………………………… 74

　　一、PWM控制芯片UC3842 ……………………………………………… 74

　　二、PWM控制芯片TL494 ………………………………………………… 76

　　三、时基电路555 ………………………………………………………… 77

四、PWM 控制芯片 LZ110 ································· 78
　　五、无刷控制器专用芯片 MC33033 和 MC33035 ································· 79
　　六、功率管驱动芯片 IR21×× 系列 ································· 79
　　七、无刷控制器芯片 LB11820 ································· 80
　　八、无刷控制器芯片 LB11690/LB11691 ································· 80
　　九、四运算放大器 LM324 和四电压比较器 LM339 ································· 81
　　十、双运算放大器 LM358 ································· 83
　　十一、整流桥集成块 ································· 84

第五章　充电器电路分析和故障维修 ································· 86

★第一节　充电器基本知识 ································· 86
　　一、充电器的作用和分类 ································· 86
　　二、充电器的内部结构和工作原理 ································· 87

★第二节　充电器的正确使用和代换 ································· 89
　　一、充电器的正确使用方法 ································· 89
　　二、充电器的代换 ································· 90

★第三节　UC3842+LM358 构成的充电器电路分析和故障维修 ································· 92
　　一、充电器电路分析 ································· 92
　　二、UC3842 为电源控制芯片的充电器故障维修 ································· 94

★第四节　UC3843+LM339 构成的充电器电路分析和故障维修 ································· 94
　　一、充电器电路分析 ································· 94
　　二、故障维修 ································· 96

第六章　控制器电路分析和故障维修 ································· 98

★第一节　控制器基本知识 ································· 98
　　一、控制器的作用和功能 ································· 98
　　二、控制器的命名 ································· 99

★第二节　控制器的分类和结构原理 ································· 99
　　一、控制器的分类 ································· 99
　　二、有刷控制器的结构及工作原理 ································· 99
　　三、无刷控制器的结构及工作原理 ································· 101

★第三节　控制器电路分析 ································· 102
　　一、有刷控制器电路分析 ································· 102

二、无刷控制器电路分析 …………………………………………………………… 104
★第四节　控制器与外部电路的接线和故障维修 ……………………………………… 107
一、有刷控制器与外部电路的接线 ………………………………………………… 107
二、有刷控制器的故障维修 ………………………………………………………… 108
三、无刷控制器与外部电路的接线 ………………………………………………… 109
四、无刷控制器的故障维修 ………………………………………………………… 110
五、控制器代换原则 ………………………………………………………………… 113

第七章　充电器、控制器故障的维修方法和实例 …………………………………… 114

★第一节　电路图识读技巧和维修方法 ………………………………………………… 114
一、电路图识读技巧 ………………………………………………………………… 114
二、电气故障维修方法 ……………………………………………………………… 116
三、电气故障维修步骤 ……………………………………………………………… 117
四、电气故障维修技巧 ……………………………………………………………… 118
★第二节　充电器、控制器故障维修实例 ……………………………………………… 119
一、充电器熔丝烧断 ………………………………………………………………… 119
二、充电器熔丝未断，但充电器无输出 …………………………………………… 119
三、插上电源后充电器不工作 ……………………………………………………… 119
四、充电器不能充电并且熔丝管、1 只整流二极管和开关管烧毁 ……………… 120
五、充电器通上交流电后红绿指示灯都不亮 ……………………………………… 120
六、充电器通上交流电，红绿指示灯亮，没有电压输出 ………………………… 121
七、充电器通上 220V 市电后，红绿指示灯有时亮，有时灭 …………………… 123
八、充电器对蓄电池充电时，通电后绿色指示灯亮，但不充电 ………………… 124
九、充电器整流滤波电路不稳定 …………………………………………………… 126
十、充电器充电时外壳发热 ………………………………………………………… 127
十一、36V 电动车有刷控制器没有输出 …………………………………………… 127
十二、电动车打开电源锁就飞车 …………………………………………………… 130
十三、控制器供电电压不正常 ……………………………………………………… 130
十四、无刷控制器内部 MOS 管击穿 ……………………………………………… 130

附录 …………………………………………………………………………………………… 133

附录 A　控制器常用集成电路引脚参数 ………………………………………………… 133
附录 B　充电器、控制器常用二极管和三极管参数 …………………………………… 135

附录C　不同容量电容器正常时正反向电阻值 …………………………………… 140
附录D　五色环电阻器的识别 …………………………………………………… 141
附录E　国产半导体三极管的命名及具体代号参考表 …………………………… 142
附录F　充电器常见故障排除流程 ……………………………………………… 143
附录G　UC3842控制的反激式开关电源原理图 ………………………………… 144
附录H　绿佳电动车电气原理图 ………………………………………………… 145
附录I　台铃电动三轮车电气原理图 …………………………………………… 146
附录J　新日无刷电动三轮车电气原理图 ……………………………………… 147

第一章

充电器、控制器检修基础知识

> **本章导读**：本章主要讲述电动车充电器、控制器检修基础知识，内容涉及充电器、控制器结构和主要部件；检修基本电路知识；电子元器件常用拆卸方法及焊接技巧。通过本章内容的学习和实践，读者可以初步掌握电子、电路基本知识，以及元器件的拆卸和焊接技术，为检修充电器、控制器做好准备工作。

★★★ 第一节 充电器、控制器结构组成 ★★★

一、充电器结构组成 ★★★

充电器是电动车电气四大件之一，它的作用是将220V交流电转换为直流电，为蓄电池补充电能。

充电器的外壳一般采用塑料制作，作用有两个：一方面是绝缘；一方面是轻便。充电器的外壳上有两个指示灯：一个是电源指示灯；一个是充电状态指示灯。电源指示灯一般为红色；充电状态指示灯空载和充满电时为绿色，充电时为红色。（指示灯的工作状态以厂家的说明书为准）。充电器外形如图1-1所示。

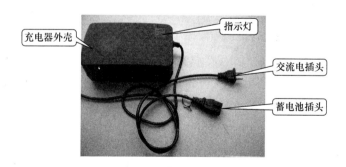

图1-1 充电器外形

充电器属于电子产品，目前市场上大多采用开关电源三段式充电器。开关电源集成电路采用 UC3842 的较多。充电器内部电路板如图 1-2 所示。

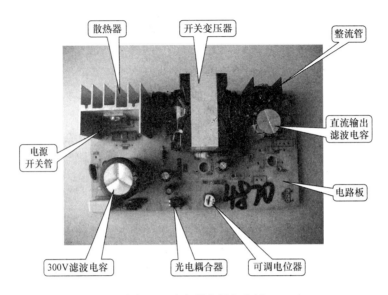

图 1-2　充电器内部电路板

二、控制器结构组成 ★★★

★ 1. 控制器的作用

控制器全称是速度控制器，控制器的主要作用是通过与转把配合控制电动机的转速。控制器控制电动机转速普遍采用的是电压调速方法。这是一种成熟的电动机控制技术，现在所有电动自行车控制器都采用此项技术。

另外，控制器还根据实际需要加入了其他辅助功能，例如刹车断电、蓄电池欠电压保护、定速巡航、零启动、反充电（能量再生）、时速显示、1:1 助力以及智能语音等。

★ 2. 有刷控制器结构组成

目前，市场上不管是有刷控制器还是无刷控制器，大都采用脉宽调制（PWM），控制方法进行调速，只是在选用驱动电路、集成电路、开关电路功率晶体管和某些相关功能上有差别。用 PWM 这种方式进行直流调压或直流调速，能量利用率较高。控制器内部还有 PWM 发生器电路，电源电路，功率器件，功率器件驱动电路，控制器件驱动电路，控制部件转把、闸把，电动机霍尔信号采集单元与处理电路，过电流与欠电压等保护电路。

有刷控制器主要与有刷电动机配套使用。有刷控制器的内部结构较简单，所以售价较低。有刷控制器外形如图 1-3 所示。典型的以 TL494 为核心的有刷控制器内部结构如图 1-4 所示。

★ 3. 无刷控制器结构组成

无刷控制器主要与无刷电动机配套使用。无刷控制器的内部结构复杂，所以售价较高。无刷控制器外形如图 1-5 所示。现在市场上的无刷控制器大多是万能型控制器，其内部 PWM 集成电路采用无刷控制器专用集成电路。无刷控制器内部结构如图 1-6 所示。

第一章 充电器、控制器检修基础知识

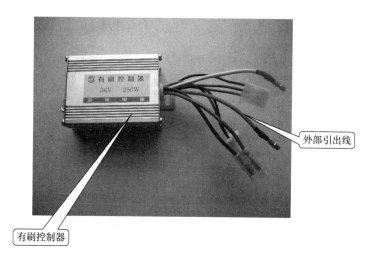

图 1-3 有刷控制器外形

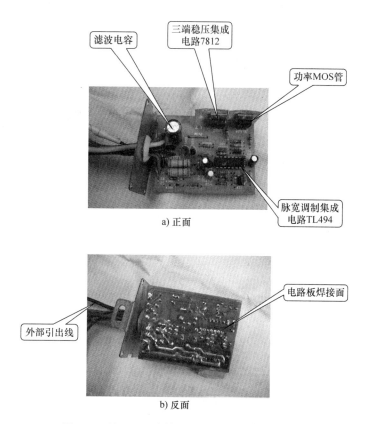

图 1-4 以 TL494 为核心的有刷控制器内部结构

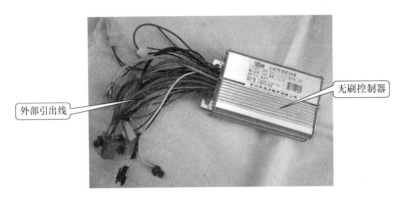

图 1-5　无刷控制器外形

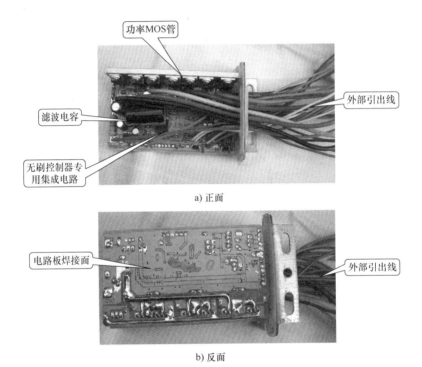

a) 正面

b) 反面

图 1-6　无刷控制器内部结构

★★★第二节　充电器、控制器检修电路基础知识★★★

一、电压 ★★★

在电路中，任意两点之间的电位差称为这两点的电压。电压又称作电势差或电位差。电压的概念与水位高低所造成的"水压"相似。常见的家用交流 220V 电压，由两根导线提供，其中一根导线为相线，另一根导线为零线，将这两根导线通上 220V 交流电压后，其间就形成了 220V 电压。

电压通常用字母 U 表示，电压的单位为伏特（V），简称"伏"。常用的单位还有毫伏

（mV）、千伏（kV）等。它们的换算方式如下：1kV = 1000V；1V = 1000mV。

电压有交流电压（简称交流电）和直流电压（简称直流电）两种。

电压的大小可以使用万用表电压档测量。测量时，把电压表并联在电路中，选择电压表刻度要大于和接近量程。

电压测量电路示意图如图1-7所示；交流电压测量如图1-8所示。

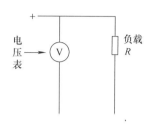

图1-7　电压测量电路示意图

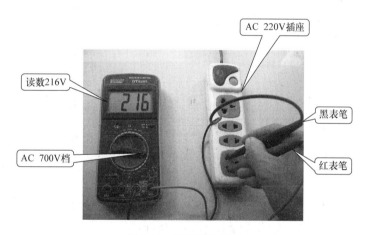

图1-8　交流电压测量

二、电流 ★★★

电流是指电荷的定向移动。电源的电动势形成了电压，继而产生了电场力，在电场力的作用下，处于电场内的电荷发生定向移动，形成了电流。

电流通常用字母 I 表示，它的单位是安培，简称"安"，符号为A。常用的单位还有毫安（mA）、千安（kA）等。它们的换算方式如下：1kA = 1000A；1A = 1000mA。

电流分直流电流和交流电流两种。电流的大小和方向不随时间变化的叫作直流电流；电流的大小和方向随时间变化的叫作交流电流。

电流可以用万用表电流档测量。测量时，把电流表串联在电路中，要选择电流表指针接近满偏转的量程。被测电流不要超过电流表的量程，这样可以防止电流过大而损坏电流表。正负接线柱的接法要正确，电流从正接线柱流入，从负接线柱流出。

电流测量电路示意图如图1-9所示。

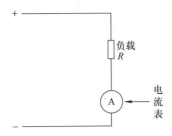

图 1-9 电流测量电路示意图

三、电阻 ★★★

电阻是导体对电流的阻碍作用。导体的电阻越大，表示导体对电流的阻碍作用越大。电阻通常用 R 表示，它的单位是欧姆，符号是 Ω。

电阻器是所有电子电路中使用最多的元件。电阻器的主要物理特征是变电能为热能，也可说它是一个耗能元件，电流经过它就产生热能。电阻器在电路中通常起降压限流的作用。

电阻器都有一定的阻值，电阻的大小可以使用万用表的电阻档测量，测量时万用表的量程要大于被测电阻器的阻值。电阻的测量如图 1-10 所示。

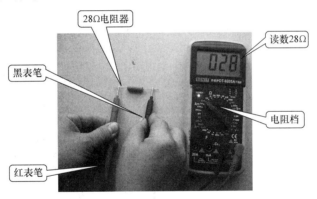

图 1-10 电阻的测量

四、欧姆定律 ★★★

导体中的电流（I）和导体两端的电压（U）成正比，和导体的电阻（R）成反比，即 $I=U/R$。这个规律叫作欧姆定律。换句话说，电阻由导体两端的电压 U 与通过导体的电流 I 的比值来定义，即 $R=U/I$。所以，当导体两端的电压一定时，电阻越大，通过的电流就越小；反之，电阻越小，通过的电流就越大。因此，电阻的大小可以用来衡量导体对电流阻碍作用的强弱，即导电性能的好坏。电阻的值与导体的材料、形状、体积以及周围环境等因素有关。

五、导体 ★★★

导电的物体称为导体。导体之所以导电，是因为它的电阻率为零。例如，常见的金属铜、铝、锡、金、银都是导体，常用铜和铝作导线。

铜导线外形如图 1-11 所示。

图 1-11 铜导线外形

六、绝缘体 ★★★

不导电的物体称为绝缘体。绝缘体不导电是因为它的电阻率为无穷大。例如，常见的塑料、橡胶、玻璃、陶瓷都是绝缘体，常用塑料作铜导线的外皮。

七、半导体 ★★★

半导体指常温下导电性能介于导体与绝缘体之间的材料。常见的半导体材料有硅、锗、砷化镓等。例如，人们常用的二极管就是用半导体材料制作的。

八、功率 ★★★

功率就是表示物体做功快慢的物理量。功率用 P 表示，单位是"瓦特"，简称"瓦"，符号是 W。电动机功率越大，转速越高，电动机的最高速度也越高。

对于直流电来说，功率 = 电压 × 电流。在这个公式中，已知任意两个参数，可求得另一个参数。例如，电动自行车的额定工作电压是 48V，电动机的额定功率是 500W，那么电动自行车的工作电流应约为 10.4A。

九、电路 ★★★

（1）电路简介

电路是电流所流经的路径。也可以说电子走的路叫电路。电路通常由电源、负载、导线、开关四要素组成。电路有三种工作状态，即通路、断路、短路。电路处处连通叫作通路，这时电路中才有电流通过，电路工作正常。电路某一处断开叫作断路或者开路，此时电路不工作。如果电路中电源正负极间（或相线和零线）没有经过负载直接连通叫作短路。这种情况是决不允许的，因为电源的短路会造成短路电流，导致电源、用电器、电流表被烧坏，甚至产生火灾。所以在电路维修时要避免出现短路事故。

最简单的电路如图 1-12 所示。

（2）串联电路

串联电路是电流依次通过每一个组成元件的电路。串联电路的基本特征是只有一条支路。串联电路特点：开关在任何位置控制整个电路，即其作用与所在的位置无关。串联电路

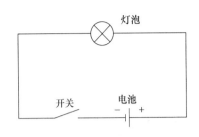

图 1-12　最简单的电路

的优点：在电路中，若想控制所有电路，即可使用串联电路；串联电路的缺点：若电路中有一个用电器坏了，则整个电路都断了。

串联电路如图 1-13 所示。

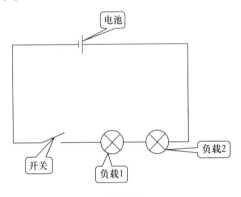

图 1-13　串联电路

（3）并联电路

并联电路是电路、线路或元件为达到某种设计要求的功能的连接方式，其特点是对两个同类或不同类的元件、电路、线路等首首相接，同时尾尾亦相连的一种连接方式。

并联电路特点如下：

1）并联电路中各支路的电压都相等，并且等于电源电压。

2）并联电路中的总电阻的倒数等于各支路电阻的倒数和。

3）并联电路中的各支路电流之比等于各支路电阻的反比。

并联电路的优点：可使一个用电器独立完成工作，适合于电动自行车前大灯和后尾灯、前转向灯和后转向灯电路。并联电路的缺点：各处电流加起来才等于总电流，由此可见，并联电路中电流消耗大。

并联电路如图 1-14 所示。

十、空载和负载 ★★★

空载是指电路中不接用电器，或是指拖动设备在没有添加任何负载的情况下仅保持自身运转时的状态。例如，把充电器插上交流电，不插蓄电池充电，就叫空载。

负载是指电路中接上用电器，其是某种设备在生产工作时的载荷。灯泡能把电能转换为光能，风扇能把电能转换为风能，这里把灯泡和风扇叫作负载。例如，把充电器插上蓄电池，然后插上交流电充电，就叫作负载。

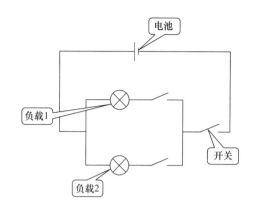

图 1-14　并联电路

灯泡负载外形如图 1-15 所示。

图 1-15　灯泡负载外形

十一、电路图和框图 ★★★

电路图是用导线将电源、开关、用电器、电流表、电压表等连接起来组成电路，再按照统一的符号将它们表示出来，这样绘制出的图就叫作电路图。用方框表示电路工作原理的就叫作框图。

充电器工作原理框图如图 1-16 所示。

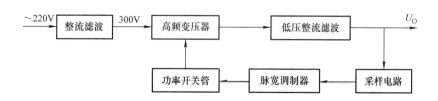

图 1-16　充电器工作原理框图

★★★ 第三节 电子元器件的拆卸及焊接技巧 ★★★

一、元器件的拆卸技巧 ★★★

元器件的拆卸技术是电子元器件检修中必须掌握的技术。熟练的技术人员拆卸元器件速度快,且不会损伤电路板。

★ 1. 元器件的拆卸方法

元器件的拆卸方法有吸锡器法、空心针分离法和金属线吸锡法。

(1) 吸锡器法

吸锡器法是用专用吸锡器拆卸元器件,使用时先把吸锡器的压簧压下,一手用电烙铁熔化被拆卸元器件的焊点处焊锡,一手把吸锡器头部放到被拆卸元器件的引脚最近处(不会烧坏吸锡器吸头),然后把吸锡器压簧弹开,即可把元器件引脚处的焊锡吸去。如果一次吸不净焊锡,可多吸几次。这种方法适合各种元器件的拆卸。吸锡器法拆卸元器件如图 1-17 所示。

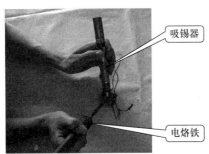

图 1-17 吸锡器法拆卸元器件

(2) 空心针分离法

空心针分离法是用空心针和电烙铁结合拆卸元器件。首先使用电烙铁将元器件引脚上的焊锡熔化,然后使用空心针将焊锡与元器件引脚分离。此法适合拆卸集成电路引脚。空心针分离法拆卸元器件如图 1-18 所示。

图 1-18 空心针分离法拆卸元器件

（3）金属线吸锡法

金属线吸锡法是用金属线覆在元器件引脚上用电烙铁对其加热，利用金属线吸去元器件引脚上的焊锡。金属线吸锡法拆卸元器件如图1-19所示。

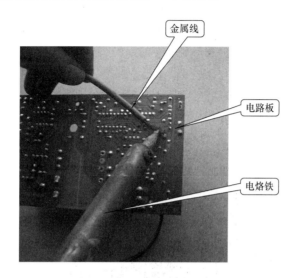

图1-19　金属线吸锡法拆卸元器件

★ 2. 集成电路的拆卸方法

拆卸集成电路时，首先用电烙铁加热电路板上集成电路引脚上的焊锡，直至所有焊锡熔化，然后使用吸锡器吸掉焊锡，再用镊子或集成电路专用钳将集成电路从电路板上取下。

★ 3. 大功率器件的拆卸方法

拆卸大功率器件时，将大三极管或三端稳压器的引脚剪断，然后分别焊下它们的引脚，这样就可以避免拆卸大引脚元器件时损坏电路板焊盘上的铜箔。

二、元器件的焊接技巧 ★★★

焊接是利用加热手段，在两种金属的接触面形成一种新的牢固的结合，使这两种金属永久地连接在一起。利用焊接的方法进行连接而形成的接点，称为焊点。

元器件焊接技术是维修人员必须掌握的基本操作技能。电动自行车维修和充电器、控制器维修过程中对导线和元器件的焊接是必需的。在维修过程中的各个阶段，都要严格控制焊接的质量。

目前，业余维修人员日常维修时，通常使用手工焊接。焊接时一般采用锡丝焊料进行焊接，简称锡焊。

★ 1. 锡焊的优点

1) 锡焊操作方便，工具简单，整修焊点、拆换元器件及重新焊接方便。

2) 锡焊易于形成焊点，便于利用手工电烙铁焊接，焊点大小有一定的自由度，可以一次形成焊点。如采用机器焊接，可成批形成焊点。

3) 焊料的熔点低，锡焊的熔化温度在180～320℃之间，对金、银、铜、铁等金属材料都具有良好的可焊性。

4）自动化焊接方便，由于焊料的熔点低，有利于浸焊、波峰焊和再流焊的实现，便于流水线生产，可实现焊接自动化。

★ 2. 锡焊焊接原理

锡焊必须将焊料、焊件同时加热到一定焊接温度，在电路板铜箔和元器件相互浸润、扩散，最后形成结合层。了解锡焊这一基本原理，有助于理解焊接工艺的各种要求，尽快掌握焊接方法。

★ 3. 焊接方法

焊接时把电烙铁加热到合适的温度。首先把导线或元器件按位置安装好，然后左手拿焊锡丝，右手拿电烙铁，接触几秒左右，烙铁头离开焊点，几秒钟后焊点凝固。焊接时要求焊点光滑、牢固、质量可靠。

手工焊接如图 1-20 所示。

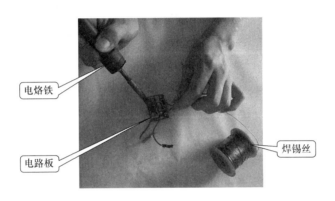

图 1-20　手工焊接

> **重要提示**
>
> 1）在焊接前，要刮干净元器件引脚表面的氧化层。如果不刮净氧化层，焊接后时间一久，氧化层扩大，会引起接触不良，这是维修中常见的故障，这类故障很难排除。
>
> 2）焊接半导体器件时，焊接时间不要过长，以免烧坏器件，一般控制在 3～5s，只要焊锡完全熔化即可。焊完一个器件后，要静止几秒钟，待焊点自然凝固后再松手，这样才能焊接牢固。重要的是要控制好焊接时间，电烙铁停留的时间太短，焊锡不易完全熔化、接触好，会形成"虚焊"；而焊接时间太长又容易损坏器件，或使印制电路板的铜箔翘起。
>
> 3）另外，要保证焊接质量，除了要有助焊剂和高质量焊锡丝外，重要的是要掌握好烙铁的温度。一般用烧热的烙铁头去蘸松香，看见有烟冒出，同时还能听见轻微的"扑哧"声，说明烙铁头温度正合适；如果有烟但丝毫听不见"扑哧"声，说明温度不够，化不开锡也焊不牢；如果"扑哧"声太大，冒烟过多，表明烙铁头温度太高，

第一章 充电器、控制器检修基础知识

这时焊出的焊点发粘，焊点也无光泽，还容易烫坏被焊元器件，烙铁头也容易"烧死"。

4）焊锡丝使用要适量，一般焊接时焊盘上满即可。另外，不应烫伤周围的元器件和连线。

5）最后，要及时做好焊接后的清除工作，清除掉电路板上的焊锡和杂物，以免造成短路。焊接完毕后，还要剪掉元器件多余的引脚。

第二章

充电器、控制器检修常用工具和仪表的使用技巧

本章导读：本章首先介绍了充电器、控制器检修常用工具，然后介绍了检修使用的仪器、仪表的使用方法和技巧。通过本章的学习和实践，读者可以了解和掌握充电器、控制器检修常用工具和仪表的使用方法和技巧，为下一步学习打好基础。

★★★ 第一节　检修常用工具 ★★★

一、螺丝刀 ★★★

螺丝刀又叫螺钉旋具。维修人员一般必备大、中、小三种规格十字形和一字形螺丝刀，建议购买带磁性的螺丝刀，使用方便；也可购买十字形和一字形两用螺丝刀。螺丝刀外形如图2-1所示。

图2-1　螺丝刀外形

二、老虎钳和尖嘴钳 ★★★

老虎钳、尖嘴钳是检修电路必备的夹物工具。老虎钳、尖嘴钳外形如图2-2所示。

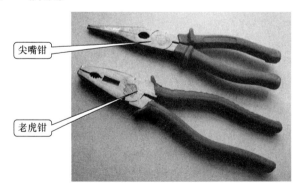

图2-2　老虎钳、尖嘴钳外形

三、剥线钳和斜嘴钳 ★★★

剥线钳在日常维修时剥去导线外部绝缘层非常方便,既可提高工作效率,又可防止损伤导线。剥线钳外形如图2-3所示。斜嘴钳的作用是剪断导线和电路板上多余的电子元器件引脚。斜嘴钳外形如图2-4所示。

图2-3 剥线钳外形

图2-4 斜嘴钳外形

四、电烙铁 ★★★

电烙铁是充电器、控制器及电动自行车维修必备的焊接工具,工作时一般应配备两把。电烙铁常见的有内热式和外热式两种。检修电路时采用功率为50W的内热式电烙铁较合适,功率太大容易损坏电子元器件。50W内热式电烙铁外形如图2-5所示。电烙铁不使用时要放在电烙铁架上,防止烧坏其他物品。另外,烙铁芯和烙铁头是易损件,如果损坏,可以用同型号物品更换。50W烙铁芯外形如图2-6所示;50W烙铁头外形如图2-7所示。

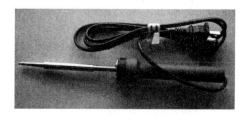

图2-5 50W内热式电烙铁外形

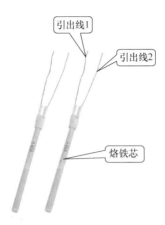

图 2-6 50W 烙铁芯外形

图 2-7 50W 烙铁头外形

检修充电器、控制器一般在工作台上进行,有条件的可购买电子恒温电烙铁,在维修时非常方便,例如常用的 936 电子恒温电焊台用的就是电子恒温电烙铁。936 电子恒温电焊台外形如图 2-8 所示。

图 2-8 936 电子恒温电焊台外形

五、焊锡丝和松香 ★★★

焊锡丝和松香是锡焊的必备材料。松香是助焊剂,它的作用是帮助焊接。电路维修一般选用直径为 0.8mm 或 1mm 规格的焊锡丝,焊锡丝过粗容易将电路焊短路。焊锡丝外形如图 2-9 所示;松香外形如图 2-10 所示。

第二章　充电器、控制器检修常用工具和仪表的使用技巧

图 2-9　焊锡丝外形

图 2-10　松香外形

六、吸锡器 ★★★

吸锡器在维修充电器、控制器时用于吸去元器件引脚熔化的焊锡。吸锡器外形如图 2-11所示。

图 2-11　吸锡器外形

七、壁纸刀和剪刀 ★★★

壁纸刀和剪刀也是日常检修必备工具。壁纸刀可以用来切割铜箔。当需要将某个元器件从电路中脱开时，可以使用壁纸刀切断相关铜箔的线路。壁纸刀又称美工刀，它的最大优点就是刀片锋利，而且便于更换刀片，使用的时候可以折去不锋利的一段，不需要磨刀即能一直保持锋利度。壁纸刀外形如图 2-12所示；剪刀外形如图 2-13 所示。

图 2-12 壁纸刀外形

图 2-13 剪刀外形

八、302 胶 ★★★

302 胶俗称 AB 胶,常见的有"哥俩好"牌 AB 胶。302 胶是检修充电器、控制器的常用胶粘剂,维修充电器、控制器时用于电路板和塑料粘接。"哥俩好"牌 AB 胶外形如图 2-14 所示。

图 2-14 "哥俩好"牌 AB 胶外形

(1)性能特点

302 胶是改性丙烯酸酯类为主体原料,经先进工艺合成的双组分(A、B)反应型结构胶粘剂,具有以下特点:使用方便,不需严格计量,可进行油面粘接,室温快速固化,粘接强度高,耐酸碱介质性好、耐水性、耐油性甚佳,耐低温、耐老化性能好。

(2)应用范围

302 胶可用于钢、铁、铝、钛、ABS、PVC、尼龙、聚碳酸酯、有机玻璃、聚酯树脂、

第二章 充电器、控制器检修常用工具和仪表的使用技巧

聚氨酯、水泥、陶瓷、木材等同种或异种材料之间的粘接（对雪花铁、紫铜、聚烯粘接较差），主要应用于汽车、摩托车、机械、化工管道、贮罐、木工家具、灯具铭牌、玩具、日用杂品、家用电器等的制造、安装及修理。

（3）使用方法

1）将黏合面的油质尘垢等污物擦掉，使其干燥。按 A、B 重量比 1∶1 用涂胶片混合，3min 内涂胶（室温），指压下粘接，5~10min 定位，30min 达到最高强度的 50%，24h 后达最高强度。

2）充分固化需 24h，在 −60~100℃ 内可以使用。

（4）注意事项

1）胶液有丙烯酸酯气味，使用时注意通风防火。

2）该品因固化时会放出大量的热，胶液不宜一次混合过多。

3）勿让儿童接触，不可入口。

4）胶冒不得盖错，以免变质失效，低温通风隔离火种存储。

九、放大镜 ★★★

放大镜的作用是在检修充电器、控制器时，方便检查电子元器件引脚是否有虚焊和假焊。放大镜外形如图 2-15 所示。

图 2-15　放大镜外形

十、镊子和尖针 ★★★

镊子的作用是用来夹取物件，在安装和拆卸电子元器件时，当用手不能接近时，使用镊子非常方便。镊子外形如图 2-16 所示。尖针的作用是用来穿孔的，当从电路板上拆下元器件后，引脚被焊锡堵住，可以使用尖针将引脚孔穿开。尖针外形如图 2-17 所示。

图 2-16　镊子外形

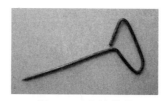

图 2-17　尖针外形

十一、热熔胶枪和塑料胶条 ★★★

热熔胶枪和塑料胶条在日常维修时对电路板和塑料外壳进行焊接非常方便。在维修电动自行车时可对插接件进行打胶处理。热熔胶枪和塑料胶条外形如图 2-18 所示。

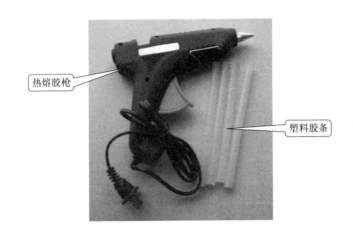

图 2-18 热熔胶枪和塑料胶条外形

十二、带风焊塑枪 ★★★

DSH-B 型电子无级调温焊塑枪可用于焊接电动自行车塑件,也可用于拆卸集成电路和功率器件。在控制器维修时特别是 MOS 管(功率管)一般采用双面焊接,使用电烙铁不方便拆卸,而用带风焊塑枪拆卸非常方便。

带风焊塑枪用外接 220V 交流电,电子无级调温,功率 700W,温度旋钮可改变加热器功率,该产品可基本满足不同材质与不同规格焊条对焊接温度的要求,是焊接各种塑料件的理想工具。带风焊塑枪外形如图 2-19 所示。

图 2-19 带风焊塑枪外形

DSH-B 型焊塑枪使用说明:

1)接 220V 交流电,打开电源开关,向左旋动带开关的温度调节旋钮,绿色指示灯点亮，同时红色指示灯由暗逐渐变亮。

2）停用前，应向右旋转旋钮至关处，吹风数分钟后，待枪筒冷却后，方可关机。

3）焊枪摆放要轻、稳，以免损坏焊枪内部零件而引起故障。

4）更换枪芯时，请换上同品牌枪芯，不要换其他品牌枪芯，以免损坏内部零件。

5）使用半年左右，应在电动机轴承上加数滴润滑油，以减轻摩擦。

十三、热风枪 ★★★

热风枪全称是防静电 SMD 热风拆焊台。它是一种贴片元器件和贴片集成电路的拆焊、焊接工具，主要在维修充电器、控制器时用于拆卸功率管和集成电路，使用非常方便。

热风枪主要由气泵、线性电路板、气流稳定器、外壳、手柄组件组成。性能较好的 850 热风枪采用 850 原装气泵，具有噪声小、气流稳定的特点，而且风流量较大一般为27L/mm；NEC 组成的原装线性电路板，使调节符合标准温度（气流调整曲线），从而获得均匀稳定的热量、风量；手柄组件采用消除静电材料制造，可以有效地防止静电干扰。热风枪外形如图 2-20 所示。

图 2-20　热风枪外形

（1）产品特点

1）开机约 10s 后气泵送风，升温迅速，定温方便。

2）关机后自动送风冷却系统工作，此时能调节气流大小且会自动关机。

3）温度和气流大小都可双控调节（机身旋钮与手柄旋钮调节），能准确调节风量与温度以配合各类芯片的解焊需要。

4）发热材料自动保护，能更好维护发热体、手柄和风头以延长机器使用寿命。

（2）操作方法

1）将热风枪电源插头插入电源插座，打开热风枪电源开关。

2）在热风枪喷头前 10cm 处放置一纸条，调节热风枪风速开关，当热风枪的风速在 1~8 档变化时，观察热风枪的风力情况。

3）在热风枪喷头前 10cm 处放置一纸条，调节热风枪的温度开关，当热风枪的温度在 1~8 档变化时，观察热风枪的温度情况。

4）使用完毕后，将热风枪电源开关关闭，此时热风枪将向外继续喷气，当喷气结束后再将热风枪的电源插头拔下。

★★★ 第二节　检修常用仪表的使用技巧 ★★★

一、数字式万用表 ★★★

★ 1. 概述

数字式万用表把电子技术、计算机技术，自动化技术的成果与精密电测量技术密切地结合在一起，成为仪器仪表领域中的一种新型仪表。数字式万用表具有输入阻抗高、误差小、读数直观的优点，可用于测量电阻器的电阻、电流、电压和电容的容量。数字式万用表由于有蜂鸣器，因而测量线路的通断非常方便。

数字式万用表读数直观方便，精确度高。进行直流电压测量时，红、黑表笔可任意与直流电源的正、负极接触，不会损坏万用表。

数字式万用表在维修电动自行车的充电器、控制器时使用方便。下面以 DT9205A 数字式全保护万用表为例说明其使用方法。该表具有测量交直流电压、交直流电流、电阻及电容等功能。DT9205A 数字式万用表外形如图 2-21 所示。

扫一扫看视频

图 2-21　DT9205A 数字式万用表外形

★ 2. 各部分功能器件的使用技巧

（1）插孔和转换开关的使用

首先要根据测试项目选择插孔或转换开关的位置，由于使用时测量电流、电压和电阻等交替地进行，一定不要忘记换档。

> **操作注意事项**
>
> 切不可用测电阻、电流档测电压，如果使用直流电流或电阻档去测量交流 220V 电源，会造成万用表烧坏。

（2）测试表笔的使用

万用表有红、黑两根表笔，位置不能接反、接错，否则，会带来测试错误或判断失误。一般的万用表将黑表笔插入 COM 插孔，红表笔插入 VΩ 插孔。

第二章 充电器、控制器检修常用工具和仪表的使用技巧

(3) 读数

数字式万用表采用数字直接显示测量结果,因此,读数十分方便。

★ 3. 各种档位的测量使用技巧

(1) 电压的测量

将黑表笔插入 COM 插孔,红表笔插入 VΩ 插孔。测直流电压时,将功能开关置于 DCV 量程范围,测交流电压时则应置于 ACV 量程范围,并将测试表笔连接到被测负载或信号源上,在显示电压读数时,同时会指示出红表笔所接电源的极性。测量直流电压如图 2-22 所示;测量交流电压如图 2-23 所示。

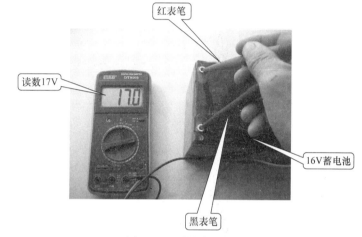

图 2-22 测量直流电压

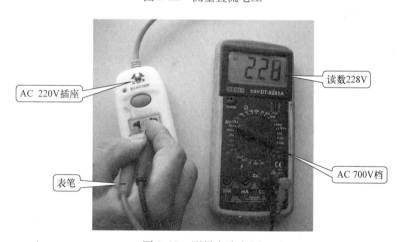

图 2-23 测量交流电压

如果不知被测电压范围,则首先将功能开关置于最大量程后,视情况降至合适量程。如果值显示 "1",则表示超过量程,功能开关应置于更高量程。

(2) 电阻的测量

将黑表笔插入 COM 插孔,红表笔插入 VΩ 插孔(注意红表笔极性为 "+")。将功能开关置于所需量程上,将测试笔跨接在被测电阻器上。当输入开路时,会显示过量程状态 "1"。如果被测电阻器超过所用量程,则会指示出过量程 "1",此时必须调到高档量程。当

被测电阻器在 1MΩ 以上时,该表需数秒后方能稳定读数,对于高电阻的测量,这是正常的。电阻的测量如图 2-24 所示。

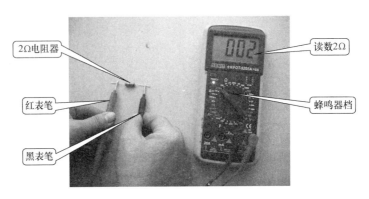

图 2-24　电阻的测量

> **重要提示**
>
> 检测在线电阻器时,必须确认被测电路已无电源,同时已放完电,方能进行测量,以防损坏万用表内电路。

(3) 二极管的测量

测量二极管时,把转换开关拨到有二极管图形符号(⊢▷⊣)所指示的档位上。红表笔接正极,黑表笔接负极。对硅二极管来说,应有 500～800mV 的数字显示。若把红表笔接负极,黑表笔接正极,万用表的读数应为"1"。若正反测量都不符合要求,则说明二极管已损坏。二极管的测量如图 2-25 所示。

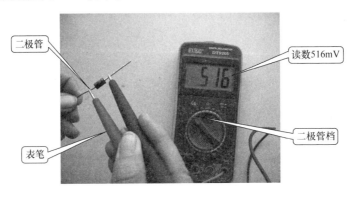

图 2-25　二极管的测量

(4) 电流的测量

将黑表笔插入 COM 插孔,当被测电流范围在 200mA 以下时,红表笔插入 mA 插孔;在测量 200mA～20A 电流时,红表笔插入 20A 插孔。

将旋转功能开关置于 DCA 或 ACA 电流档,估计被测电流的最大值,选择适当的量程,

第二章 充电器、控制器检修常用工具和仪表的使用技巧

而后将表笔串入被测电路中进行测量。

如果无法估计被测电路中的电流,则选择使用最高量程,根据显示逐档降低量程,以得到更精确的读数。

> **重要提示**
>
> 1) 如果20A档测量时显示"1",说明输入值已超出测量范围,应立即中断测量。
> 2) 由于20A插孔没有熔丝,测量时间应小于15s。
> 3) 从mA插孔输入的最大电流值不得超过200mA,否则将烧坏仪表内部0.2A/250V熔丝管;如不慎烧坏,需用相同规格熔丝管更换。
> 4) 检测在线电流时,不可放在电压档进行测量,以防损坏万用表内电路。
> 5) 绝对不允许不经过用电器而把电流表直接连到电源的两极上,这样会损坏电流表。

(5) 电容的测量

1) 将旋转功能开关拨至F电容档的最大刻度200μF档(2nF档会有几十个字的读数,属正常现象,不影响测量)。

2) 将红表笔插入CX插孔,黑表笔插入COM插孔。红、黑表笔分别接被测电容两脚,待显示值稳定后读取数据。

3) 如输入后仪表显示"1",则说明已超量程,应换用更高档位进行测量。

4) 测量电解电容前先将被测电容放电,否则将会损坏仪表或测量不准确。电容的测量如图2-26所示。

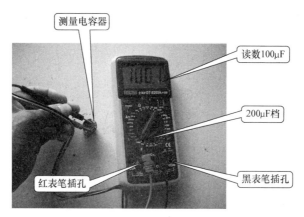

图2-26 电容的测量

(6) 导线通断的测量

将功能开关拨到蜂鸣器(⊐))测量的档位上,将红黑表笔放在要检查的线路两端,如果万用表发出声音,则表示连线相通,否则为线路断路。熔丝管通断的测量如图2-27所示。

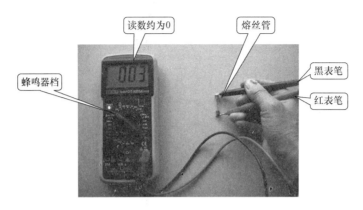

图 2-27 熔丝管通断的测量

> **特别提示**
>
> 1) 首先注意检查表内 9V 电池,将数字式万用表的 ON – OFF 钮按下,如果电池容量不足,则显示屏左上方会出现电池正负极符号,还要注意观察表笔插孔旁的符号,这是警告你要留意测试电压和电流不要超出指示数字。此外,在使用前要先将量程放置在你想测量的档位上。
>
> 2) 数字式万用表为精密电子仪表,内部电路及所使用的电源种类,均不可随便改动,否则将会造成永久性损坏。
>
> 3) COM 与 VΩ 或 VΩHz 插孔之间,输入电压不得大于 DC 1000V、AC 750V 有效值。
>
> 4) 更换电池和熔丝管需在切断电源及终止所有测量工作后进行。
>
> 更换电池方法:使用十字形螺丝刀,旋出仪表背面后盖或电池门的螺钉,取下后盖或电池门,取出 9V 电池,即可更换。
>
> 更换熔丝方法:打开仪表后盖,熔丝位于仪表内电路板下方,取出用相同规格更换。
>
> 5) 在测量的过程中,绝对禁止旋转功能转换开关,以避免机内打火,损坏仪表。
>
> 6) 测量电压时不可将手触及金属带电部分,如表笔的测试端点。
>
> 7) 使用完仪表后,请关闭电源。如果长时间不使用仪表,请将电池取出。

二、指针式万用表 ★★★

★ 1. 概述

指针式万用表是磁电式多量程万用表,可用于测量直流电流、交直流电压、直流电阻等。它由刻度盘、量程、转换开关和内部电路组成。指针式万用表具有量程多、分档细、灵敏度高、体积轻巧、性能稳定、过载保护可靠、读数清晰、使用方便等特点,是使用范围广泛。

指针式万用表型号较多,下面以广泛使用的 MF47 型指针式万用表为例加以说明。该表外形如图 2-28 所示，其表盘外形如图 2-29 所示。

图 2-28　指针式万用表外形

图 2-29　指针式万用表表盘外形

★ 2. 电压的测量

（1）交流电压的测量

测量交流 10~1000V 电压或直流 0.25~1000V 电压时，转动开关至所需电压档。测量交直流 250V 时，开关应分别旋至 AC 1000V 或 DC 1000V 位置上，而后将表笔跨接于被测电路两端。交流电压的测量如图 2-30 所示；直流电压的测量如图 2-31 所示。

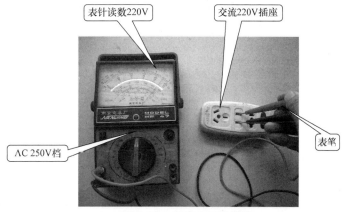

图 2-30　交流电压的测量

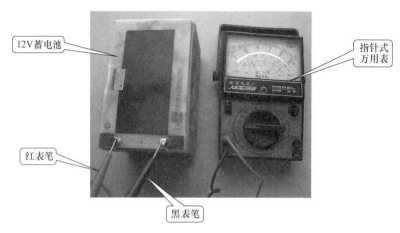

图 2-31 直流电压的测量

若配以厂家高压探头可测量电视机≤25kV 的高压，测量时，开关应放在 50μA 位置上，高压探头的红黑插头分别插入"＋""－"插孔中，接地夹与电视机金属底板连接，而后握住探头进行测量。

（2）直流电流测量

测量 0.05～500mA 电流时，转动开关至所需电流档；测量 5A 时，转动开关可放在 500mA 直流电流量程上，而后将表笔串接于被测电路中。

★ 3. 电阻的测量

装上万用表所需电池（1.5V 及 9V 各一只）。转动开关至所需测量的电阻档，将表笔二端短接，调节欧姆调零旋钮，使指针对准欧姆"0"位上，然后分开表笔进行测量。电阻的测量如图 2-32 所示。

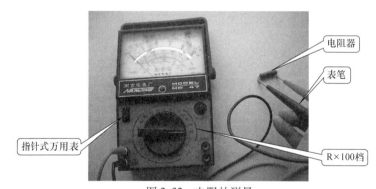

图 2-32 电阻的测量

> **重要提示**
>
> 测量电路中的电阻时，应先切断电源，如果电路中有电容，则应先使用灯泡对电容进行放电。否则，会损坏万用表的电阻档。
>
> 当检查电解电容器漏电电阻时，可转动开关至 R×1k 档，红表笔必须接电容器负极，黑表笔接电容器正极。

第二章　充电器、控制器检修常用工具和仪表的使用技巧

测量电解电容器的漏电电阻如图2-33所示。

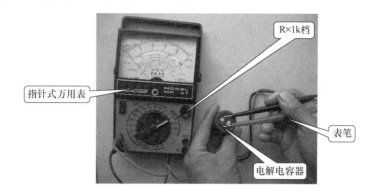

图2-33　测量电解电容器的漏电电阻

★ 4. 二极管极性的判断

测试时选 R×1k 档,黑表笔一端测得阻值小的一极为正极。

万用表在欧姆电路中,红表笔为电池负极,黑表笔为电池正极。二极管极性的判断如图2-34所示。

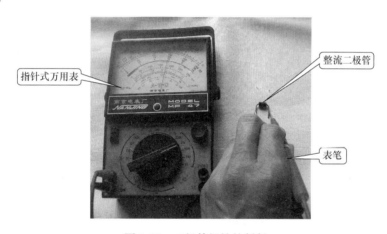

图2-34　二极管极性的判断

注意:以上介绍的测量方法,一般都只能用 R×100、R×1k 档,如果用 R×10k 档,则因表内有15V的较高电压,可能将三极管的 PN 结击穿;若用 R×1 档测量,因电流过大(约60mA),也可能损坏管子。

注意事项

1) 测量高压或大电流时,为避免烧坏开关,应在切断电源的情况下,变换量程。

2) 测未知量的电压或电流时,应先选择最高量程,待第一次读取数值后,方可逐渐转至适当位置以取得较准读数并避免烧坏电路。所选用的档位越靠近被测值,测量结果越准确。

3) 如偶然发生因过载而烧断熔丝时,可打开表盒换上相同型号的熔丝。

4）测量高压时，要站在干燥绝缘板上，并一手操作，防止意外事故发生。

5）电阻器各档用干电池应定期检查、更换，以保证测量精度。如长期不用，应取出电池，以防止液体溢出腐蚀而损坏其他部件。

6）仪表应保存在温度为 0～40℃，相对湿度不超过85%，并不含有腐蚀性气体的场所。

7）指针式万用表通过转换开关的旋转来改变测量项目和测量量程。机械调零旋钮可用小螺丝刀来调节，使指针保持在静止时处在左端零位。欧姆调零旋钮用来在测量电阻时使指针对准右端零位，以保证测量数值准确。如将两表笔短接，欧姆调零旋钮旋至最大，指针仍未达到0点，这种现象通常是由于表内电池电压不足造成的，应换上新电池方能准确测量。

8）利用电阻档测量时，不可带电测量，必须切断电源，以免烧坏万用表。每次换档后，都应重新将两只表笔短接调整指针到零位，才能使测量结果准确。测量电阻时不要用手触及元器件本身的两端，以免人体电阻与被测电阻器并联，使测量结果不准确。

9）测量直流电压和直流电流时，注意"＋""－"极性不要接错。如发现指针开始反转，应立即调换表笔，以免损坏指针和表头。

10）万用表不用时，不要旋在电阻档，因表内接有电池，如果不小心使两根表笔相碰短路，不仅耗费电池，严重时甚至会损坏表头。一般万用表不用时，最好旋在交流档。

三、电容、电感表 ★★★

电容、电感表主要用于测量电容器的电容量和电感器电感量，判断电容器、电感器的好坏。现以深圳先霸电子仪器公司生产的 DM-6013L 数字式电容、电感表为例说明，使用时打开开关先放在最大量程，然后选择合适的量程即可使用。DM-6013L 数字式电容、电感表外形如图 2-35 所示。

2-35　DM-6013L 数字式电容、电感表外形

(1) 特点

1) LCD 屏显示，最大显示 1999。

2) 超量程显示"1"。

3) 工作温度：0~40℃，相对湿度：<70%。

4) 电池电压不足时 LCD 屏显示" + -"符号。

(2) 按键功能

1) D-H 键：按下此键，仪表显示器上将保持测量的最后读数并且 LCD 屏显示"H"符号；释放数据保持开关，仪表即恢复测量状态。

2) 背光点亮键：按下此键，背光点亮，约 5s 后自动熄灭。再要点亮，需再按一次（注意：当电池不足时，背光的亮度会不够）。

(3) 电容的测量过程

1) 选择量程开关到最大预期电容值。

2) 将电容器插入插座中或夹在测试夹中。

3) 读数直接按照量程选择的单位（pF、nF、μF）读数，如果显示器显示"1"，表明超过量程范围，如果显示器显示值前有一个或几个零，将量程改换到较低量程档以提高测量分辨力。电容的测量如图 2-36 所示。

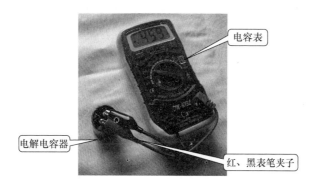

图 2-36　电容的测量

(4) 电容测量的注意事项

1) 如果电容值没有标明，从 200pF 量程开始逐渐上升直到过量程显示消除并显示读数。

2) 测量非常低的电容时，应该用特别短的导线以避免引入杂散电容。

3) 使用测试笔时，记住表笔引入了一个电容到测量结果当中，为此可以将表笔夹打开，测试表笔的电容，记下此值并从测量结果中减掉。

4) 电容器开路时，所有电容档均显示零读数，当电容器短路时，全部电容档均超量程，在转换量程时，测量值发生显著变化，说明被测电容器存在漏电。

5) 200nF 以下量程用"0"调电位器调到显示为"000"。

(5) 电感的测量过程

1) 选择量程开关到最大预期电感值。

2) 将电感器插入插座中或夹在测试夹中。

3) 读数直接按照量程选择的单位（mH、H）读数，如果显示器显示"1"，表明超过量程范围,如果显示器显示值前有一个或几个零,应将量程改换为较低量程档以提高测量的精确度。

(6) 电感测量的注意事项

1) 如果电感值没有标明,从 2mH 量程开始逐渐上升直到过量程显示消除并显示读数。

2) 测量非常低的电感时,应该用特别短的导线以避免引入杂散电感。

(7) 仪器维护与保养

1) 仪器不使用时应将功能开关置于 OFF 位置。

2) 当显示器显示 ▭ 符号时,表示电池不足,需要更换,打开后盖取出旧电池,再重新装好后盖。

> **注意事项**
>
> 1) 电感、电容表用以测量电感器的电感量和电容器的电容量,不能用以测量以上无功部分的品质因数,如果测量一个电阻器的电容量或电感量,则可能得到错误的读数。
>
> 2) 测量在线线路中的元器件参数时,线路必须断开电源,并在连接测试表笔之前去除激励。
>
> 3) 测量电容之前必须完全放电。

四、无刷电动车综合检测仪 ★★★

无刷电动车综合检测仪可以检测电动机绕组、霍尔元件和电动机的电角度;同时可以检测转把、控制器的好坏,使用方便,检测快捷。

下面以洛阳市绿盟电动车维修培训学校研制的 LY-2 无刷电动车综合检测仪为例说明其使用方法。LY-2 无刷电动车综合检测仪外形如图 2-37 所示。

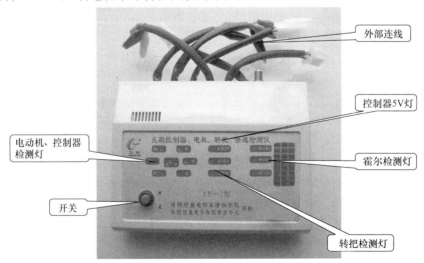

图 2-37 LY-2 无刷电动车综合检测仪外形

使用说明：

1）将转把的3根引线分别与检测仪的转把夹子相连，转动转把，转把检测指示灯逐渐由不亮变亮，表明转把工作正常；如果指示灯常亮或者不亮，则表明转把已经损坏，如图2-38所示。

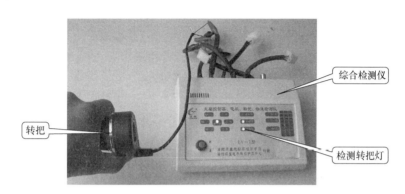

图2-38 检测转把

2）将电动机霍尔元件插入检测仪霍尔插件，转动电动机，霍尔检测指示灯闪亮，说明霍尔元件正常；如果检测灯出现常亮或者不亮，则表明该路霍尔元件损坏。在转动电动机过程中，霍尔元件正常的前提下，如果发现60°指示灯亮，说明电动机是60°，如果指示灯不亮，则表明该电动机为120°。

3）将无刷电动机3根相线与检测仪检测电动机相线插件对接，缓慢转动电动机，电动机检测指示灯变亮，并且三个指示灯亮度基本一致，则表明电动机绕组正常；如指示灯不亮，可认为电动机绕组已损坏或连接线断。

4）接通控制器电源，把控制器霍尔信号输入端与检测器霍尔信号线相连，检测器上的5V指示灯应闪亮。如果不亮，说明控制器的5V电压输出有问题；再把控制器的电动机输出线和检测器的电动机检测线相连，转动转把，电动机检测指示灯应按一定顺序轮流亮，如果不亮或有两路同时亮，可认为控制器已坏。

注意事项

1）平时不用时请关闭本测试仪的开关以保持电池电量。
2）测试仪应放置在通风、干燥、无腐蚀的地方，并尽量减少振动。
3）打开本测试仪电源开关，如果电源发光管明显不够亮或者不亮，则说明电池电量已经不足，需要更换机器内9V电池。

五、电动车四大件检测仪 ★★★

（1）产品介绍

电动车四大件检测仪是集检测充电器、控制器、电动机、蓄电池合四为一的检测仪器，专业全面检测引起电动车里程不足的各种因素。本产品功能齐全、性能优越、操作简单、携带方便，很大程度上提高了电动车经销商的售后服务质量。LY－3型电动车四大件检测仪外形如图2-39所示；LY-3型电动车四大件检测仪面板外形如图2-40所示。

图2-39　LY-3型电动车四大件检测仪外形

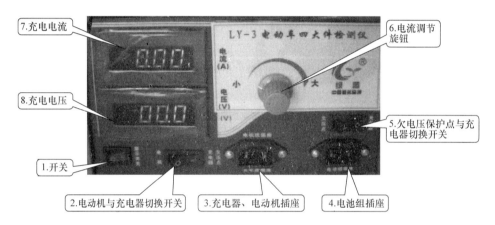

图2-40　LY-3型电动车四大件检测仪面板外形

（2）技术参数

显示电源：DC 5V±1V。

采样速率：5次/s。

显示数码管：0.56in（≈1.42cm）。

零点显示：自稳定。

超限显示：EEE或—EEE。

（3）充电器性能检测

充电器性能检测如图2-41所示。

1）开启显示开关1，调节6至最小位置。

2）充电器接上交流220V，输出插头接入3，8显示充电器静态电压（触发式充电器不显示电压），2、5均切换到充电器档位，7显示充电电流，8显示充电电压。

3）触发性充电器需要知道充电器最大输出电流。4接入极性一致的蓄电池组（电池不欠充），2切换在电动机档位，7显示充电器最大充电电流值。触发性充电器2切换到充电器档位，7显示充电电流。

4）调节6就能测定该充电器是否转绿灯及转绿灯前后充电器的电流、电压参数。

（4）检测控制器欠电压保护点

第二章 充电器、控制器检修常用工具和仪表的使用技巧

图 2-41 充电器性能检测

1）支起电动车支架，关闭电动车电源开关。

2）蓄电池组与控制器电源输入插头分离（断开），打开显示开关 1。

3）蓄电池组接入 4，控制器电源输入插头接入 3，2、5 均切换到欠电压保护点档位，8 显示蓄电池组电压，7 显示为零。

4）打开电动车电源开关，7 显示的电流值即电动车开锁电流。

5）调节 6 至最大后，慢慢转动电动车转把，7 显示的电流值逐渐上升，8 显示的电压值逐渐下降，直至电动车控制器断电；由于蓄电池容量充足控制器不断电，此时从大到小调节 6 直至控制器断电，8 显示的电压即该控制器欠电压保护点。

（5）检测电动机电流

1）支起电动车支架，关闭电动车电源开关。

2）蓄电池组与控制器电源输入插头分离，打开显示开关 1。

3）蓄电池组接入 4，控制器电源输入插头接入 3，2 切换到电动机档位，8 显示蓄电池组电压值，7 显示为零。

4）打开电动车电源开关，7 显示的电流值即电动车开锁电流。

5）转动电动车转把至转速最大，7 显示的电流值即电动机空转电流。

6）放下支架，电动车负载起动，7 显示的电流值即电动机起动电流。

7）无坡度，电动车保持最大行驶速度，7 显示的电流即电动机平行电流。

8）电动车加重负载（或顶墙）至控制器断电保护，7 显示的电流值即控制器限流保护点。

（6）检测蓄电池

1）打开显示开关 1。

2）2 切换到电动机档位（非常重要），充满电量的蓄电池组接入 4，放电电阻（或电炉丝）接入 3，8 显示电压值，7 显示放电电流。

3）根据需要调节放电电阻确定放电电流值，放电过程保持放电电流值，蓄电池的放电时间就确定了蓄电池容量。

注意事项

1）本仪器为精密电子仪器，要放置在通风良好的桌面上使用。

2）蓄电池在检测过程中会放出热量，仪器散热孔不能被堵住，以免影响通风散热，造成仪器损坏。

3）仪器内置有可充电池，随机配送有充电器，可对仪器内电池进行充电。如果发现仪器面板上的仪表显示较暗时，请及时用随机充电器对仪器内电池补充充电。

第三章
电子元器件的识别和检测方法

本章导读：本章主要讲述电动车充电器、控制器使用电子元器件的识别、检测和代换技巧。内容涉及电子元器件的作用、分类、型号识别以及常见故障和代换技巧。通过本章内容的学习和实践，读者可以识别常用电子元器件，掌握电子元器件的检测和代换方法，为进一步学习打好基础。

★★★ 第一节 电阻器的识别和检测方法 ★★★

一、电阻器的作用、符号和电阻值单位 ★★★

★ 1. 电阻器的作用

电阻器是电子、电器电路中最常见的元器件之一。电阻器的主要作用就是降低电压和阻碍电流流过，应用于限流、分流、降压、分压、负载，还可与电容器配合实现滤波及阻抗匹配等。电阻器元件的电阻值大小一般与温度有关，衡量电阻器的电阻值受温度影响大小的物理量是电阻温度系数，其定义为温度每升高或降低1℃时电阻值发生变化的百分数。

扫一扫看视频

电阻器由电阻器体、基体、引出线和保护层共4部分组成。电阻器在电路中其两端引线无正负极之分。

★ 2. 电阻的单位、参数和图形符号

电阻的单位是欧姆（Ω），简称欧。电阻还常用 mΩ、kΩ 和 MΩ 作为单位，它们之间的关系是：$1MΩ = 1000kΩ$；$1kΩ = 1000Ω$；$1mΩ = 10^{-3}Ω$。

扫一扫看视频

电阻器的型号参数主要是其阻值和功率。电阻器的阻值可以通过电阻器上的标注确认。电阻器的功率主要是通过查看电阻器的体积或电路图形符号确认。

电阻器通常用字母 R 表示，电阻器的图形符号如图3-1所示。

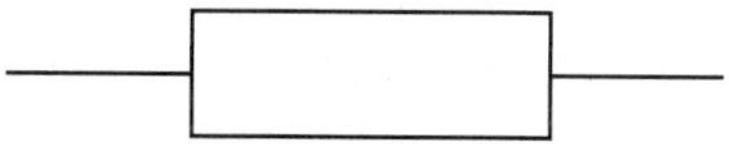

图3-1 电阻器的图形符号

二、电阻器的分类、命名方式和标注方法 ★★★

★ 1. 电阻器的分类

1)按阻值特性分为固定电阻器、可调电阻器、特种电阻器（敏感电阻器）。

电阻值不能调节的称为固定电阻器；电阻值可以调节的称为可调电阻器。常见的可调电阻器是滑动变阻器。例如收音机音量调节的装置是个圆形的滑动变阻器。主要应用于电压分配的，称为电位器。电位器是具有3个引出端、阻值可按某种变化规律调节的电阻器元件。电位器通常由电阻器体和可移动的电刷组成。当电刷沿电阻器体移动时，在输出端即可获得与位移量成一定关系的电阻值或电压。

固定电阻器外形如图3-2所示；电位器外形如图3-3所示。

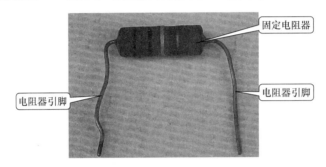

图3-2　固定电阻器外形

图3-3　电位器外形

2)按制造材料分为碳膜电阻器、金属膜电阻器、线绕电阻器、水泥电阻器等。

碳膜电阻器为最早期也是最普遍使用的电阻器，它是利用真空喷涂技术在瓷棒上面喷涂一层碳膜，再将碳膜外层加工切割成螺旋纹状，依照螺旋纹的多少来定其电阻值，螺旋纹越多电阻值越大。最后在外层涂上环氧树脂密封保护而成。其阻值误差虽然较金属膜电阻器大，但由于价格便宜，所以碳膜电阻器仍广泛应用在各类电子产品上，是目前电子、电器设备和通信产品最基本的零配件。碳膜电阻器外形如图3-4所示。

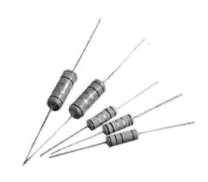

图 3-4　碳膜电阻器外形

金属膜电阻器也是利用真空喷涂技术在瓷棒上面喷涂制成的,只是将碳膜换成金属膜(如镍铬),再将金属膜切割成螺旋纹做出不同阻值,并且于瓷棒两端镀上贵金属。虽然它较碳膜电阻器贵,但是具有低噪声、稳定、受温度影响小、精确度高等优点。金属膜电阻器外形如图 3-5 所示。

图 3-5　金属膜电阻器外形

线绕电阻器是用电阻率较大的镍铬合金、康铜或锰铜等合金线绕在绝缘支架上制成的。线绕电阻器的特点是耐高温(工作温度可达 315℃)、功率大、稳定性好、本身产生的噪声小。但线绕电阻器体积大、高频特性差,一般适用于功率和电流较大的低频电路作稳压、分压或负载用。线绕电阻器的阻值范围为:0.1Ω~5MΩ。

线绕电阻器外形如图 3-6 所示。

水泥电阻器是将电阻线绕在无碱性耐热瓷件上,外面加上耐热、耐湿及耐腐蚀的材料保护固定并把线绕电阻器体放入方形瓷器框内,用特殊不燃性耐热水泥充填密封而成。水泥电阻器外形如图 3-7 所示。

图 3-6　线绕电阻器外形

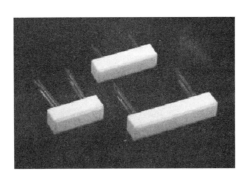

图3-7 水泥电阻器外形

★ 2. 电阻器的命名方式和标注方法
(1) 电阻器的命名方式

电阻器的命名方式由4部分组成,第一部分表示主称,用字母R或W表示;第二部分表示电阻器的导体材料;第三部分表示形状性质;第四部分表示序号。例如,一个电阻器标识为RJX,即表示"小功率金属膜电阻器"。

电阻器的命名方式如表3-1所示。

表3-1 电阻器的命名方式

顺序	类别	名 称	文字符号
第一部分:字母	主称	电阻器	R
		电位器	W
第二部分:字母	导体材料	碳膜	T
		金属膜	J
		金属氧化膜	Y
		导线	X
第三部分:字母	形状性质	大小	X
		精密	J
		测量	L
		高功率	G

(2) 电阻器的标注方法

电阻器的标注方法有直标法、数字符号法、色环标注法3种。

1) 直标法。

直标法是指把电阻器的阻值直接标注在电阻器上,叫"标称阻值"。例如,电阻器外壳上标注20kΩ,辨识方便。

2) 数字符号法。

数字符号法主要用三位数表示阻值,前两位表示有效数字,第三位数字是倍数。如电阻器上标注"53",表示阻值为 $5 \times 10^3 \Omega$,即5kΩ;标注为"229",表示阻值为 $22 \times 10^{-1} \Omega$,即2.2Ω。

3) 色环标注法。

用色环来表示阻值的方法叫"色环标注法"。是国标上通用的电阻器标注方法。碳膜电阻器和金属碳膜电阻器的阻值和误差，多用色环表示，即从电阻器一端开始依次画有四道色环。靠电阻器一端较近的为第一色环，往内依次是第二、三、四色环。例如，一个电阻器的四色环顺序是棕、橙、橙、金，这个电阻器的标称电阻值为13kΩ，误差为±0.5%。

色环标注法示意图如图3-8所示。

另外，还有一种五色环电阻器，第一、二、三道色环表示有效数字，第四道色环表示阻值的有效数字后所有的"0"的个数，"0"的个数不得超过6个，第五道色环表示误差。这种电阻器为高精度电阻器。例如，一个电阻器的五色环顺序是红、黑、黑、橙、棕，这个电阻器的标称电阻值为100kΩ，误差可不计算。

五色环电阻器标注法示意图如图3-9所示。

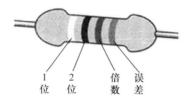

图3-8　色环标注法示意图

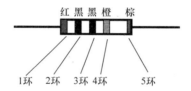

图3-9　五色环电阻器标注法示意图

色环所代表数和数字的含义见表3-2。

表3-2　色环电阻器代表数及数字的含义

色别	第一色环	第二色环	第三色环倍数	第四色环误差
棕	1	1	10^1	—
红	2	2	10^2	—
橙	3	3	10^3	—
黄	4	4	10^4	—
绿	5	5	10^5	—
蓝	6	6	10^6	—
紫	7	7	10^7	—
灰	8	8	10^8	—
白	9	9	10^9	—
黑	0	0	10^0	—
金	—	—	10^{-1}	±0.5%
银	—	—	10^{-2}	±10%
无色	—	—	—	±20%

三、电阻器的检测、常见故障和代换 ★★★

电阻器检测时应注意选择合适的仪表档位。如果在电路中检测,因被测电阻器常和其他元件相连,一般应小于或等于其阻值为正常。若要检测准确,必须将被测电阻器的一端从电路板上焊下再进行检测。检测可调电阻器时,可用指针式万用表电阻档,检测时用螺丝刀转动可调臂,万用表指针连续平滑变化为正常,如万用表指针变化不均匀或跳变,说明该电阻器接触不良,应更换。

电阻器常见的故障是烧断、变值、接触不良或虚焊。电阻器损坏时,一般要选用与原电阻器相同的阻值的代换,同阻值的大功率的可代换小功率的。在换用前应先测量下阻值与标称阻值是否相符。如果手头没有合适的电阻器可用,可以用两个及以上电阻器串联或并联代用。

操作注意事项

1) 被测电阻器应从电路中断开后再测量。
2) 两只表笔不要长时间碰在一起。
3) 两只手不能同时接触两只表笔的金属杆或被测电阻器两根引脚,最好用右手同时持两只表笔。
4) 测量结束后,应拔出表笔,将万用表开关置于"OFF"档或交流电压最大档位并收好万用表。
5) 万用表长时间不使用时,应将表中电池取出。

★★★ 第二节 电容器的识别和检测方法 ★★★

一、电容器的作用、符号和电容量单位 ★★★

★ 1. 电容器的作用

电容器简称电容,它也是电子、电器电路中最常见的元器件之一。电容器是一种存储电能的元件。电容器在电路中的作用主要是通交流、隔直流、充放电和滤波。另外,还有保护其他元器件、缓启动、积分、与电感器组成振荡回路等作用。电容器用于滤波、调谐、旁路、耦合、延时和能量转换等电路。

★ 2. 电容器容量的单位、符号

电容的基本单位是法拉,用 F 表示,常用的单位还有微法,用 μF 表示;皮法,用 pF 表示;纳法,用 nF 表示。其换算关系为:$1F = 10^6 \mu F$;$1\mu F = 10^3 nF$;$1nF = 10^3 pF$。

电容器在电路原理图中的文字符号是 C,在电路原理图中的图形符号如图 3-10 所示。

二、电容器的分类和命名方式 ★★★

★ 1. 电容器的分类

电容器按其容量是否可变,可分为固定电容器和可变电容器,可变电容器还包括半可变

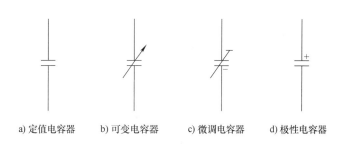

a) 定值电容器　　b) 可变电容器　　c) 微调电容器　　d) 极性电容器

图 3-10　电容器的图形符号

电容器。

电容器按采用的材料不同，可分为电解电容器、瓷片电容器、云母电容器、涤纶电容器、钽电容器等。电容器一般常用的电介质有铝电解质、空气、云母、陶瓷、金属氧化膜、纸介质等。

最常见的电解电容器属于固定电容器，它是以电解质作为阴极而构成的电容器。它有两个引脚，并有正负极之分，属于极性电容器。其特点是电量大、耐电压值低、损耗较大、绝缘电阻小、漏电大。在电路中常用于低频电路的"耦合""旁路"和电源"滤波"等场合。电解电容器的外壳上，用"－"表示负极端，另一端没有标注的表示正极端。电解电容器寿命为 5~10 年。在选用电解电容器时，最好选用近期、个大、耐电压高的产品。电解电容器外形如图 3-11 所示。

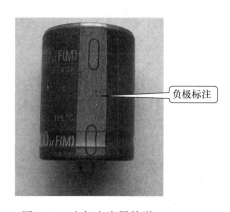

图 3-11　电解电容器外形

容量在一定范围内可以调节的电容器叫可变电容器。可变电容器中的常用电介质有空气、云母等。可变电容器在电动车充电器、控制器电路中使用不多。

★ 2. 电容器的命名方式

电容器的命名方式由 4 部分组成，第一部分表示电容器；第二部分表示介质材料；第三部分表示电容器的形状；第四部分表示电容器的结构和大小。电容器的命名方式见表 3-3。

表 3-3　电容器的命名方式

顺序	类别	名称	简称	文字符号
第一部分：字母	主称	电容器	电容	C
第二部分：字母	介质材料	纸介 电解 云母 瓷介	纸 电 云 瓷	Z D Y C
第三部分：字母	形状	筒形 管形 立式矩形 圆片形	筒 管 立 圆	T G L Y
第四部分：字母	结构	密封	密	M
	大小	小型	小	X

三、电容器的型号参数和标注方法 ★★★

电容器的型号参数主要是电容器工作时的耐电压值和容量。

电容器的容量标注方法有直标法、数字符号法和色环标注法三种第三种与电阻器的标注法基本相同，下面介绍前两种方法。

（1）直标法

直标法是将电容器的容量、耐电压值直接标在外壳上，电解电容器常使用此种标注方法。例如，一个电解电容器外壳上标注有 400V 3300μF，表示耐电压为 400V，容量为 3300μF。另外，有些厂家采用直标法时，常把整数单位的"0"省去，如".01μF"表示 0.01μF。直标法如图 3-12 所示。

图 3-12　直标法

（2）数字符号法

数字符号法采用字母和数字结合来标注电容器的主要参数，常用于小容量的电容器。数字符号法有两种标注方式：

1）数字标注一般用三位数字表示容量大小，其中第一、二位表示容量值的有效数，第三位为倍率,表示有效数字后零的个数,容量的单位是 pF。例如,104 表示容量为 $10 \times 10^4 \mathrm{pF}$,即 $0.1 \mu \mathrm{F}$;301 表示容量为 $30 \times 10^1 \mathrm{pF}$,即 300pF。

2)省略 F,用数字和字母结合表示,例如,80p 表 80pF;5p5 表示 5.5pF;6n2 表示 6200pF。另外,第三位数为 9 时,表示 10^{-1},而不是 10 的次方数,如 759 表示为 $75 \times 10^{-1} \mathrm{pF}$,即 7.5pF。

四、电容器的检测、常见故障和代换 ★★★

电容器的检测可使用电容表或指针式万用表电阻档。使用电容表检测时,应选用较大的档位,因为档位小时容量不能显示。

用指针式万用表电阻档粗测某一只电容器是否有容量(即充、放电情况)。测量方法是万用表电阻档,固定电容器用 R×10k 档,电解电容器用 R×1k 档,红黑表笔分别搭上电容器的两个引出线,表头指针立即向 R 为零的方向摆去,然后向 R 为∞的方向返回。再将两根表笔对调一下,用同法测量电容器,指针又向 R 为零的方向摆去,并且摆得更远,然后又向 R 为∞的方向返回。这就是电容器的充、放电过程,表明电容器有一定的容量。如果指针向 R 为零的方向摆得越远,退回的速度越慢,表明容量越大。反之容量越小。这样的电解电容器是好的。利用这一原理,可以判断电容器的容量,也可使用新、旧同型号电容器指针摆动情况对比法测量判断电容器的好坏。指针式万用表检测电容器如图 3-13 所示。

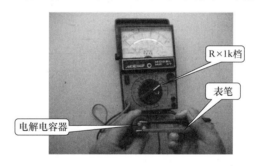

图 3-13 指针式万用表检测电容器

检测电容器是否漏电:对 1000μF 以上的电容器,可先用 R×10Ω 档将其快速充电,并初步估测电容器容量,然后改到 R×1kΩ 档继续测一会儿,这时指针不应回返,而应停在或十分接近∞处,否则就是有漏电现象。对一些几十 μF 以下的定时或振荡电容器(比如开关电源的振荡电容器),对其漏电特性要求非常高,只要稍有漏电就不能用,这时可在 R×1kΩ 档充完电后再改用 R×10kΩ 档继续测量,同样指针应停在∞处而不应回返。

用万用表判断电解电容器的正、负引线:一些耐电压较低的电解电容器,如果正、负引线标志不清时,可根据它的正接时漏电电流小(电阻值大),反接时漏电电流大的特性来判断。具体方法是:用红、黑表笔接触电容器的两引线,记住漏电电流(电阻值)的大小(指针回摆并停下时所指的阻值),然后把此电容器的正、负引线短接一下,将红、黑表笔对调后再测漏电电流。以漏电电流小的示值为标准进行判断,与黑表笔接触的那根引线是电解电容器的正端。这种方法对本身漏电电流小的电解电容器,则比较难以区别其的极性。

电解电容器的两根引线有正、负之分,在检查它的好坏时,对耐电压较低的电解电容器(6V 或 10V),电阻档应放在 R×100 或 R×1k 档,把红表笔(接万用表内部电源的负极)

接电容器的负端，黑表笔（万用表内部电源的正极）接正端，这时万用表指针将摆动，然后恢复到零位或零位附近。这样的电解电容器是好的。电解电容器的容量越大，充电时间越长，指针摆动得也越慢。

电容器常见故障如开路、失效、击穿、漏电和引脚损坏。电容器代换时要选用同型号、同容量的进行更换，注意容量的选用不可过大或过小，但是耐电压高的可以代换耐电压低的。更换电解电容器时，正负极不可接错，接错时漏电流大，其绝缘介质因发热有被击穿的危险。

> **操作注意事项**
>
> 在日常维修时，如果对电解电容器进行测量，必须先使用灯泡对电解电容器进行放电，然后再进行测量，因为电路损坏没工作，电解电容器内存有大量余电，会损坏万用表。使用灯泡对电解电容器放电如图3-14所示。
>
>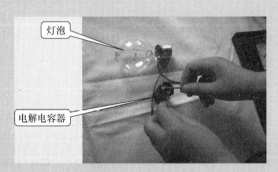
>
> 图3-14 使用灯泡对电解电容器放电

★★★ 第三节 二极管的识别和检测方法 ★★★

一、二极管的结构和作用 ★★★

★ 1. 二极管的结构

二极管是晶体二极管的简称。它是电路中常见的半导体器件之一。二极管是采用半导体晶体材料（例如硅、锗等）制成的半导体器件。我们把导电能力介于导体和绝缘体之间的物质称为半导体。常见的半导体有硅（Si）和锗（Ge）。

二极管内部包含一个PN结，有正极和负极两个端子。二极管最重要的特性就是单方向导电性。在电路中，电流只能从二极管的正极流入，从负极流出。普通二极管工作时的正极接电源正极，二极管的负极接电源负极；但是稳压二极管等特殊二极管工作时需要加反偏电压，即二极管的正极接电源负极，二极管的负极接电源正极。

二极管内部结构如图3-15所示。

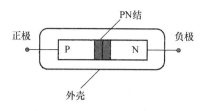

图 3-15 二极管内部结构

★ 2. 二极管的作用

二极管在电路中的作用有整流、稳压、开关、限幅、续流、检波、阻尼、显示、触发等。

（1）整流

整流二极管主要用于整流电路，即把交流电变换成脉动的直流电。

（2）稳压

稳压二极管是利用二极管的反向击穿特性制成的，在电路中其两端的电压保持基本不变，起到稳定电压的作用。

（3）开关

二极管在正向电压作用下电阻很小，处于导通状态，相当于一只接通的开关；在反向电压作用下，电阻很大，处于截止状态，如同一只断开的开关。利用二极管的开关特性，可以组成各种逻辑电路。

（4）限幅

二极管正向导通后，它的正向压降基本保持不变（硅管为 0.7V，锗管为 0.3V）。利用这一特性，在电路中作为限幅元件，可以把信号幅度限制在一定范围内。

（5）续流

续流二极管与开关电源的电感和继电器等感性负载配合起续流作用。

（6）检波

检波二极管的主要作用是把高频信号中的低频信号检出。它们的结构为点接触型。其结电容较小，工作频率较高，一般都采用锗材料制成。

（7）阻尼

阻尼二极管多用在高频电压电路中，能承受较高的反向击穿电压和较大的峰值电流，一般用在电视机电路中。常用的阻尼二极管有 2CN1、2CN2、BSBS44 等。

（8）显示

显示二极管用于充电器、VCD、DVD、计算器等显示器上。

（9）触发

触发二极管又称双向触发二极管（DIAC），属三层结构，具有对称性的二端半导体器件。常用来触发双向晶闸管，在电路中作过电压保护等用途。

二、二极管的分类 ★★★

二极管从用途上可分为整流二极管、稳压二极管、开关二极管、检波二极管、发光二极管等。

常见的整流二极管有 1N5399、1N4007 和 1N5408 等。整流二极管外形如图 3-16 所示。

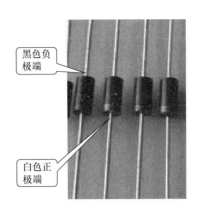

图 3-16 整流二极管外形

常见的稳压二极管有 2CW55、2CW56 等。稳压二极管外形如图 3-17 所示。
常见的发光二极管外形如图 3-18 所示。

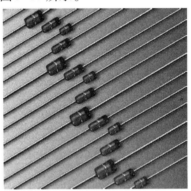

图 3-17 稳压二极管外形

图 3-18 常见的发光二极管外形

从制造材料上可分为锗二极管、硅二极管等。
从结构材料上可分为点接触型二极管、面接触型二极管等。常用的点接触型二极管多用于高频检波、变频和开关电路中,有时也可用于小电流整流。

三、二极管和三极管的命名方式和符号 ★★★

★ 1. 二极管和三极管的型号命名方式

国产晶体二极管和三极管的型号由 4 部分组成。第一部分用数字表示管子电极的数目。例如：2 表示二极管，3 表示三极管；第二部分用大写英文字母表示管子的材料和极性。例如：

A 表示二极管时为 N 型锗管。
　表示三极管时为 PNP 型锗管。
B 表示二极管时为 P 型锗管。
　表示三极管时为 NPN 型锗管。
C 表示二极管时为 N 型硅管。
　表示三极管时为 PNP 型硅管。
D 表示二极管时为 P 型硅管。
　表示三极管时为 NPN 型硅管。

第三部分用汉语拼音字母表示管子的类型，见表 3-4。

表 3-4　汉语拼音字母表示管子类型对照

字　母	类　　型	字　母	类　　型
P	普通管	X	低频小功率管
K	开关管	G	高频小功率管
W	稳压管	D	低频大功率管
Z	整流管	A	高频大功率管

第四部分用数字表示管子序号。序号后面往往还有 A、B、C 等符号，表示参数等级。例如 2AP9 表示普通的 N 型锗二极管。2CZ11H 表示整流用的 N 型硅二极管。3BX1 表示低频小功率 NPN 型锗三极管。3DG6 表示高频小功率 NPN 型硅三极管。3AX31C 表示低频小功率 PNP 型锗三极管。3DD103D 表示低频大功率 NPN 型硅三极管。3DG18 表示 NPN 型硅材料高频三极管

★ 2. 二极管符号

普通整流二极管的文字符号为 VD。稳压二极管的文字符号为 VZ 或 VS；发光二极管的文字符号为 VL。普通二极管图形符号如图 3-19 所示；稳压二极管图形符号如图 3-20 所示。

图 3-19　普通二极管图形符号

图 3-20　稳压二极管图形符号

四、二极管的标注方法 ★★★

二极管的标注方法有直标法、色环标示法两种标注方法。

(1) 直标法

直标法就是在二极管的外壳上直接标明二极管的名称、电压值,并通过一条白色的色环表示二极管的负极。

(2) 色环标示法

一部分稳压二极管采用 2 道或 3 道色环给出击穿电压值,邻近负极引脚一端的色环为第 1 色环,以后依次为第 2、3 色环。各色环代表的数值与色环电阻一样。

五、二极管的检测、常见故障和代换 ★★★

★ 1. 二极管的极性判别

1)观察二极管外壳上标记的白色色圈,通常标记白色的一端为负极,另一端为正极。

2)通常二极管的外壳上标有二极管符号。标有三角形箭头的一端为负极,另一端为正极。

3)也有二极管的极性用专用符号表示的,P 极表示正极,N 极表示负极。发光二极管的正负极可用引脚长短来识别,长脚为正极,短脚为负极。

4)二极管的极性判断可用指针式万用表电阻档,一般用 R×100 或 R×1k 档。任意测量二极管的两根引线,如果测量出的电阻值(正向电阻),对锗二极管在 1kΩ 左右,硅二极管在 1~10kΩ 之间,则黑表笔所接引线为二极管的正极,红表笔所接引线为负极;若测量出来的电阻值约为几百千欧或为无穷大,则黑表笔所接引线为二极管负极,红表笔所接引线为二极管正极。

★ 2. 二极管的检测

二极管的检测可以使用数字式万用表二极管档进行,检测时首先将万用表档位开关调至二极管档,红表笔接二极管的正极,黑表笔接二极管的负极,此时万用表的读数在 500mV 左右。调换表笔测量,万用表读数应显示 1,表示读数为无穷大。这种显示说明被检测的二极管正常,若测得正向电阻为无穷大,说明二极管内部断路;若反向电阻接近零,表明二极管已击穿。断路或击穿的二极管均不能使用,应更换新件。用数字式万用表检测二极管如图 3-21 所示。

二极管的检测也可用指针式万用表 R×1k 或 R×100 档,检测二极管的正、反向电阻,正向电阻一般在 1~5kΩ,反向电阻应在无穷大(指针不动)。若测得正向电阻为无穷大,说明内部断路;若反向电阻接近零,表明二极管已击穿。断路或击穿的二极管均不能使用,应更换新件。用指针式万用表检测二极管如图 3-22 所示。

图 3-21 用数字式万用表检测二极管

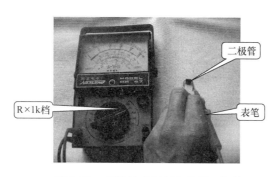

图 3-22　用指针式万用表检测二极管

检测稳压二极管：常用的稳压管的稳压值一般都大于 1.5V，而指针式万用表的 R×1k 以下档是用表内的 1.5V 电池供电的，这样，用 R×1k 以下的档测量稳压二极管就如同测二极管一样，具有完全的单向导电性。但指针式万用表的 R×10k 档是用 9V 或 15V 电池供电的，在用 R×10k 档测稳压值小于 9V 或 15V 的稳压二极管时，反向阻值就不会是∞，而是有一定阻值，但这个阻值还是要大大高于稳压二极管的正向阻值的。所以，就可以初步估测出稳压二极管的好坏。但是，好的稳压二极管还要有个准确的稳压值。业余条件下估测方法是：再找一块指针万用表，先将一块表置于 R×10k 档，其黑、红表笔分别接在稳压二极管的负极和正极，这时就模拟出稳压二极管的实际工作状态，再取另一块表置于直流电压档 V×10 或 V×50（根据稳压值）上，将红、黑表笔分别搭接到刚才那块表的的黑、红表笔上，这时测出的电压值就基本上是这个稳压二极管的稳压值。这个方法只可估测稳压值小于指针式万用表高压电池电压的稳压二极管。如果稳压二极管的稳压值太高，就只能用外加电源的方法来测量了。

★ 3. 二极管的常见故障和代换

二极管的常见故障是烧断（开路）、击穿（短路）、漏电和导通电阻变大。二极管损坏后代换应选用与原型号一样的管子，并注意正、负极不可接错。在更换稳压二极管时，必须采用稳压值和功率与原型号相同的稳压二极管更换。代换时一般高耐电压的可取代低耐电压的，高速的可以代替低速的，电流大的可以代替电流小的。

★★★ 第四节　三极管的识别和检测方法 ★★★

一、三极管的作用和结构 ★★★

★ 1. 三极管的作用

三极管，全称应为半导体三极管，也称双极型晶体管、晶体三极管。自 1947 年 12 月 23 日，美国三位科学家发明晶体三极管后，三极管在各种电子、电路中被广泛使用，在充电器和控制器中也大量使用。三极管外形如图 3-23 所示。

三极管是一种控制电流的半导体器件。它的作用是把微弱信号放大成幅度值较大的电信号，也用作无触点开关，它是电子电路的核心元器件。三极管具有体积小、重量轻、坚固耐振、使用寿命长、耗电省等优点。三极管在电路中的作用有开关、功率转换、推挽放大、互

图 3-23 三极管外形

补推挽放大、倒相等。

★ 2. 三极管的结构

三极管是在一块半导体基片上制作两个相距很近的 PN 结，两个 PN 结把整块半导体分成三部分，中间部分是基区，两侧部分是发射区和集电区，排列方式有 PNP 和 NPN 两种。

三极管一般都有三个电极，即发射极 E、基极 B、集电极 C。其中共用的一个电极称为三极管的基极，其他的两个电极分别称为集电极和发射极。三极管因组合方式不同，有 PNP 型和 NPN 型两种类型。PNP 型和 NPN 型在符号上的区别是发射极箭头的方向，它代表 PN 结正向接法的电流方向，所以 PNP 型的发射极箭头向内，NPN 型的则向外。三极管结构如图 3-24 所示。

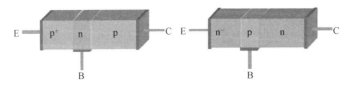

图 3-24 三极管结构

二、三极管的分类、文字符号和图形符号 ★★★

★ 1. 三极管分类

三极管的种类很多，大都是金属和塑料封装。

1）按材料分有两种：锗管和硅管。而每一种又有 NPN 和 PNP 两种结构形式，但使用最多的是硅 NPN 和锗 PNP 两种三极管。两者除了电源极性不同外，其工作原理都是相同的。

2）按结构分有 NPN 型、PNP 型。

3）按功能分有开关管、功率管、达林顿管、光敏管等。

4）按功率分有小功率管、中功率管、大功率管。

5）按工作频率分有低频管、高频管、超频管。

6）按安装方式分有插件三极管、贴片三极管。

★ 2. 三极管的文字符号和图形符号

三极管在电路图中的文字符号为 VT，图形符号如图 3-25 所示。

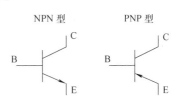

图 3-25 三极管图形符号

三、三极管的检测、常见故障和代换 ★★★

三极管的质量好坏，可用晶体管测试仪检测，也可用万用表来检测。

使用数字式万用表的二极管档，测量三极管各引脚之间的正反向电阻值，如果正向读数均为0，表示三极管击穿。具体参数可以参照二极管的测量方法。用数字式万用表检测三极管如图3-26所示。

使用指针式万用表R×1k档测量三极管各引脚之间的正反向阻值，一般应在5kΩ左右（正向电阻）或为无穷大（反向电阻），否则为三极管损坏。用指针式万用表检测三极管如图3-27所示。

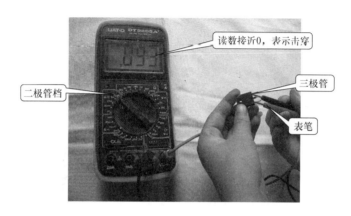

图3-26　用数字式万用表检测三极管

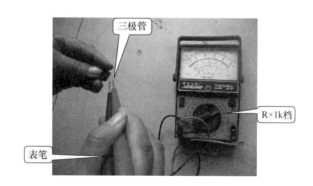

图3-27　用指针式万用表检测三极管

三极管常见故障有开路、击穿、漏电和性能变差。三极管如果被击穿，用指针式万用表R×1k档测量各引脚之间的阻值均为0Ω，比较好判断。如果是性能变差，一般用代换法更换同型号排除。

在更换三极管时，一般应选用与原型号一样的三极管更换。在更换时不能把发射极与集电极颠倒使用。如果电源极性接错，三极管将不能正常工作，甚至会损坏。

三极管的代换原则是：频率高的可以代换频率低的，耐电压高的可以代换耐电压低的，功率大的可以代换功率小的。更换三极管时应按原位置装好，如果原来安装在散热片上，还需照原样安装，并加涂导热硅脂，以保证管子有良好的散热能力。

> **特别提示**
>
> 1) 正确地使用三极管特别要注要三极管工作时的电压、电流和耗散功率不能超过极限值,否则就不能保证三极管的正常工作,甚至烧坏三极管。
> 2) 在安装和修理时,首先注意三极管的引脚不能接错。维修时拆卸三极管时应做好标记,以便更换时安装。在装拆三极管时,要把电源断开,否则容易损坏。
> 3) 焊接三极管时,宜用50W以内的电烙铁,焊接速度要快,以免烫坏管子。
> 4) 三极管不宜放在高温处或靠近热源的地方,也不要把外壳上的黑漆损坏,以防止三极管受热性能变差。
> 5) 有些三极管安装在散热器上,表面涂有导热硅脂,更换三极管时要涂上导热硅脂,按原样安装在散热器上。

四、场效应管的识别和检测方法 ★★★

★ 1. 场效应管作用

金属氧化物半导体场效应晶体管(MOSFET),简称场效应管。它是一种利用场效应原理工作的半导体器件,属于单极型电压控制器件。场效应管在电路中作为放大器使用,在数字电路中作开关器件使用。场效应管和三极管外形相似,但两者的控制原理却不同,三极管是电流控制器件,场效应管是电压控制器件。

场效应管具有开关速度快、高频特性好、热稳定性好、功率大等特点,在电动自行车控制器中大量使用。它是控制器中损坏率较高的器件。控制器中常见型号较多,例如,IRF2807、MBR20100CT、STP75NF75、STP60NF06、IRF2103、IRF630等。场效应管外形如图3-28所示。

★ 2. 场效应管的分类

场效应管分为金属氧化物半导体场效应晶体管(MOSFET)、J型场效应管(JFET)、V型槽场效应管(VMOSFET)。这三者看上去都是场效应管,其中MOSFET、VMOSFET是单极结构的,JFET是非绝缘型场效应管,MOSFET和VMOSFET都是绝缘型的场效应管。

VMOSFET是在MOSFET的基础上改进的一种大电流、高放大倍数(跨导)新型功率晶体管,区别就是使用了V型槽,使MOSFET的放大系数和工

图3-28 场效应管外形

作电流大幅提升,但是同时也大幅增加了MOSFET的输入电容,是MOSFET的一种大功率改进型产品,但是结构上已经与传统的MOSFET发生了巨大的差异。

★ 3. 场效应管的命名方式

场效应管的命名由三部分组成,第一部分用字母CS表示场效应管;第二部分用数字表示型号的序号;第三部分为规格,用字母表示。各部分含义如图3-29所示。

图 3-29 场效应管的命名方式

★ **4. 场效应管的结构和图形符号**

场效应管也有三个极：栅极 G（对应双极型三极管的 B 极）、漏极 D（对应双极型三极管的 C 极）、源极 S（对应双极型三极管的 E 极）。

场效应管在原理图中的符号用 VF 表示。

场效应管图形符号如图 3-30 所示。

图 3-30 场效应管图形符号

★ **5. 场效应管的检测、常见故障和代换**

场效应管的检测可用数字式万用表的二极管档或指针式万用表电阻档，测量各引脚的正反向电阻，如果测量结果为 0Ω，表示管子已击穿，需进行更换。

场效应管代换原则是：功率大的可代换功率小的，耐电压高的可代换耐电压低的，电流大的可代换电流小的。

  专家指导

在路检测二极管、三极管、稳压管好坏的技巧

因为在实际电路中，三极管的偏置电阻或二极管、稳压管的电阻一般都比较大，大都在几百或几千欧姆以上，这样，就可以用万用表的 R×10 或 R×1 档来在路测量 PN 结的好坏。在路测量时，用 R×10 档测 PN 结应有较明显的正反向特性（如果正反向电阻相差不太明显，可改用 R×1 档来测），一般正向电阻用 R×10 档测时指针应指示在 200Ω 左右，用 R×1 档测时指针应指示在 30Ω 左右（根据不同表型可能不同）。如果测量结果正向阻值太大或反向阻值太小，都说明这个 PN 结有问题，这个管子也就有问题了。这种方法在维修时特别有效，可以非常快速地找出坏管，甚至可以测出尚未完全坏掉但特性变差的管子。比如当你用小阻值档测量某个 PN 结正向电阻过大时，如果你把它焊下来，用常用的 R×1k 档再测，可能还是正常的，其实这个管子的特性已经变差了，不能正常工作或已经不稳定了。在路检测二极管如图 3-31 所示。

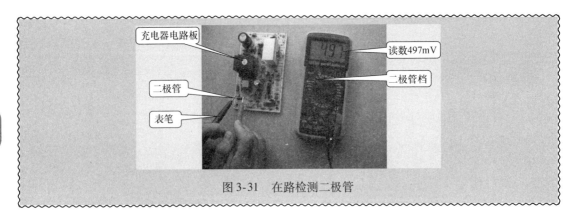

图 3-31　在路检测二极管

★★★第五节　其他元器件的识别和检测方法★★★

一、电感器的识别和检测方法 ★★★

★ 1. 电感器的作用和构成

电感器是一个电抗元件。电感器和电容器一样是储能元件，它能把电能转变为磁场能，并在磁场中存储能量。电感器在电路中的主要作用是滤波、调谐、延时和补偿。

用漆包线在绝缘管上绕一定的圈数，就构成了电感器，所以电感器又叫电感线圈。电感器在电路中的形状多种多样，但从外观上很容易判断。

电感器外形如图 3-32 所示。

图 3-32　电感器外形

★ 2. 电感器的分类和电路图符号

电感器有单层螺旋线圈、蜂房式线圈、铁粉心线圈、阻流圈、铜心线圈等。一般生产厂家根据用户对电感量的要求定作。电感的单位是亨（H），常用的单位有毫亨（mH）、微亨（μH），其换算关系为 1H = 1000mH；1mH = 1000μH。

电感器在电路中用"L"表示，图形符号如图 3-33 所示。

图 3-33　电感器图形符号

★ 3. 电感器的检测、常见故障与代换方法

电感器的检测可以使用数字式万用表的蜂鸣器档，或使用指针式万用表的电阻档，正常的电感器应为常通状态。也可以使用电感表测量电感量。电感器的故障率较低，常见的故障为烧断开路、引脚虚焊和匝间短路。如果损坏，应选用同型号的更换。更换时电感器两个引

脚无正负极之分。如果开路,使用万用表测量阻值为无穷大;如果引脚虚焊可以重新焊接,如果匝间短路一般测量不出来,可以使用代换法进行检修。

二、变压器的识别和检测方法 ★★★

★ 1. 变压器的作用和结构

电感器的特性是内部电流不能突变,而电流变化速率高就会产生高电压。利用电感器的特性可制成变压器、继电器、阻流圈等。

变压器是一种电压变换装置,它可以升降电压,市场上常见的有交流 12V 和交流 6V 变压器,充电器中的电源部分是高频变压器。变压器的主要作用是传递电能、变换电压及隔离一、二次侧等。变压器传输交流隔直流,交流电压可以通过磁场耦合进行传输。

变压器的最基本结构部件是由铁心、绕组和绝缘所组成。此外,为了安全可靠的运行,还装设有冷却装置(风机)和保护装置。

铁心:变压器的铁心是磁力线的通路,起集中和加强磁通的作用,同时用以支撑绕组。低频变压器都用铁心,中频变压器和高频变压器有铁粉心、空气心和磁心三种。铁心常用磁导率较高而又相互绝缘的硅钢片相叠而成。每一片厚度为 0.35~0.5mm,表面涂有绝缘漆。

绕组:变压器的绕组是电流的通路,靠绕组通入电流,并借电磁感应作用产生感应电动势。变压器的绕组用绝缘良好的漆包线或纱包线绕成。变压器绕组的一个重要问题是必须良好的绝缘。绕组与铁心之间、不同绕组之间及绕组的匝间和层间的绝缘要好,所以生产变压器时还要进行去潮、烘烤、灌蜡、密封等。

变压器可以有两个或者更多绕组。接电源的绕组称为一次绕组,其匝数用 N1 表示;另一绕组接负载,称为二次绕组,其匝数用 N2 表示。

变压器外形如图 3-34 所示。

图 3-34 变压器外形

★ 2. 变压器的分类和电路图形符号

(1) 变压器的分类

变压器的种类较多,按变压器使用的交流频率范围,可分为低频变压器、中频变压器、高频变压器三类。按用途分有电源变压器、调压变压器、脉冲变压器、音频变压器等。

(2) 变压器的电路图形符号

变压器在电路原理图中用 T 表示。变压器的电路图形符号如图 3-35 所示。

★ 3. 变压器的检测、常见故障与代换方法

变压器检测方法如下:

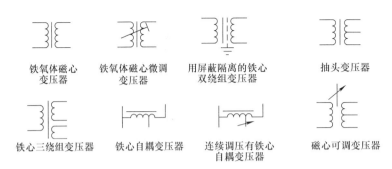

图 3-35　变压器的电路图形符号

1）检查外观。通过观察变压器的外貌来检查其是否有明显异常现象。例如线圈引线是否断裂、脱焊，绝缘材料是否有烧焦痕迹，铁心紧固螺杆是否松动，硅钢片有无锈蚀，绕组线圈是否有外露等。

2）绝缘性测试。用万用表 R×10k 档分别测量铁心与一次、一次与各二次、铁心与各二次、静电屏蔽层与二次、二次各绕组间的电阻值，万用表指针均应指在无穷大位置不动。否则，说明变压器绝缘性能不良。

3）线圈通断的检测。使用数字式万用表的蜂鸣器档或指针式万用表的 R×1 档，测试中，若某个绕组的电阻值为无穷大，则说明此绕组有断路故障，如图 3-36 所示。

图 3-36　线圈通断的检测

4）判别一次、二次绕组。电源变压器一次引脚和二次引脚一般都是分别从两侧引出的，并且一次绕组多标有 220V 字样，二次绕组则标出额定电压值，如 15V、36V、48V 等。再根据这些标记进行识别。

5）电源变压器短路性故障的综合检测判别。电源变压器发生短路性故障后的主要症状是发热严重和二次绕组输出电压失常。通常，绕组内部匝间短路点越多，短路电流就越大，而变压器发热就越严重。当短路严重时，变压器在空载加电后几十秒之内便会迅速发热，用手触摸铁心会有烫手的感觉。此时可断定变压器有短路点存在。

变压器的故障率较低，常见故障有烧坏、虚焊、短路，其中烧坏可以用肉眼看出，虚焊可以重新焊牢，短路的故障只有更换新件，代换时应使用同型号的更换。

三、集成电路的识别和检测方法 ★★★

★ 1. 集成电路的构成

集成电路俗称集成块或芯片。它是将电阻器、电容器和晶体管等元器件按特定电路的要求，使用激光光刻等工艺制作在一块半导体硅片上，然后封装而成的。集成电路的特点：集成度高，体积小，成本低，便于大量生产，此外集成电路的可靠性高，稳定性好。当然，在实际电路中集成电路还需要直流电源才能工作。集成电路外形如图 3-37 所示。

★ 2. 集成电路的分类和电路图形符号

集成电路型号、种类繁多。

集成电路按功能分，可分为用于稳压、运算放大、控制、功率放大等的集成电路；按结构分，有混合集成电路和薄膜集成电路；按集成度分，有小、中、大和超大规模集成电路；按封装结构分，有直插单列、双列和贴面焊接多种封装结构。

集成电路在电路图中的文字符号是 IC 或 U。

集成电路引脚顺序从正面看，自白色圆点标志点或缺口处逆时针数为 1、2、3、4 等。集成电路引脚顺序如图 3-38 所示。

图 3-37 集成电路外形

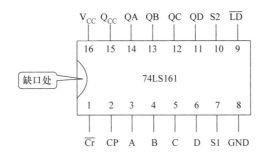

图 3-38 集成电路引脚顺序

在电动自行车充电器、控制器电路中常见的集成电路为开关电源集成电路（UC3842）、光电耦合器、电压比较器、运算放大器、门电路、脉宽调制（PWM）电路、三端稳压器。

★ 3. 集成电路的检测与代换方法

集成电路的检测可以通过直观检查法、测电阻法、测电压法、测波形法和代换法。

直观检查法使用肉眼就可看出是否损坏。

测电阻法是通过检测各引脚之间对地脚电阻值（包括正、反向电阻）来进行测量比较，或对照另一只同型号的新集成电路来测量，以判断其好坏。

测电压法是通过检测供电引脚或功能输出引脚对地脚的电压值，与正常的电压值来进行测量比较，判断其好坏。

测波形法是使用示波器对集成电路的输入和输出信号进行测量，判断其好坏。

在进行集成电路的测量与好坏判断时，最好有集成电路的数据资料，以便于维修。电动自行车充电器、控制器中的单片机（微处理器）资料较少，只有查询厂家自己的网站，如果损坏配件不易购买，一般只对外围元器件维修更换。

在代换必须选用型号、功能一致的集成电路才能更换。不同型号集成电路不能代换。即使同一功能、同一外形的集成电路，在未判断清楚其内部功能与每个引脚应接的线路是否完全一致的情况下，也不允许直接代换。

四、熔丝管的识别和检测方法 ★★★

★ 1. 熔丝管的作用

熔丝管（标准名称为熔断器）在电路中起短路保护作用。它安装在供电回路最前面，当负载因漏电或短路等故障，电流超过额定电流时，熔丝管就会熔断，切断供电回路，以免故障扩大。熔丝管外形如图3-39所示。

★ 2. 熔丝管的构成和种类

熔丝管是由玻璃管、熔丝、金属帽构成的保护元器件。

熔丝管种类有两种：一种是普通熔丝管，管内熔丝像一根细铜丝；另一种叫延时熔丝管，管内熔丝是螺旋状。

电动自行车充电器中的熔丝管规格是36V充电器交流输入熔丝管为2A，直流输出熔丝管为3A。48V充电器交流输入熔丝管为3A，直流输出熔丝管为5A。

熔丝管在电路原理图中的文字符号为FU。熔丝管电路图形符号如图3-40所示。

图3-39 熔丝管外形

图3-40 熔丝管电路图形符号

★ 3. 熔丝管的检测和代换方法

熔丝管的检测可以通过肉眼观察法，观看熔丝管外观是否烧坏，内部熔丝是否烧断；也可使用数字式万用表的蜂鸣器档检测，如果万用表读数为"0"，表示正常，如果读数为"1"表示烧断。

熔丝管的代换应选用相同规格和型号的进行更换。另外，由于熔丝管熔断是多种原因造成的，所以熔丝管更换后要检查负载是否正常，更不要使用导线或铜丝代替熔丝管，以免故障扩大。

五、霍尔元件的识别和检测方法 ★★★

★ 1. 霍尔元件的作用和型号

霍尔元件是利用霍尔效应制成的磁感应元件，它的作用主要是产生感应电压。霍尔元件的外形与三极管相似，它有三个脚，从正面看，左起第一引脚是电源正极，中间引脚是公共地，右边引脚为信号电压输出。霍尔元件外形如图3-41所示；霍尔元件引脚功能如图3-42所示。

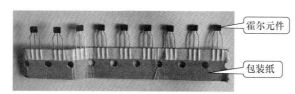

图3-41　霍尔元件外形

图3-42　霍尔元件引脚功能

> **知识链接**
>
> 霍尔效应：1879年，霍尔发现在与通电的导体或半导体的电流方向垂直方向上施加磁场时，会在既与电流垂直又与磁场垂直的方向上出现感应电压，这一效应取名于物理学家爱得文·霍尔的名字，叫霍尔效应。

电动自行车常用的霍尔元件型号有两种：开关型霍尔元件和线性霍尔元件。开关型霍尔元件在无刷电动机上使用，线性霍尔元件在调速转把、1:1助力器上使用。

无刷电动机使用的霍尔元件型号有AH41、AH61、AH512、AH3114、AH3175、A3144EU（A）、A3172XU（A）等，常用AH 3144霍尔元件代换。

调速转把使用的线性霍尔元件常用的有UGN3502、UGN3503、SS496B、KB3503。

★ 2. 霍尔元件的检测与代换方法

霍尔元件的检测方法有以下三种。

1）测电压法。以调速转把为例进行检测，将数字式万用表档位开关置于DC 20V档，打开电源锁，首先测量霍尔元件的红、黑供电线，应有5V左右的电压，然后转动调速转把，测量霍尔元件的信号引脚对黑色地线，应有1~4.2V（实测值0.8~3.5V）的电压变化，否则说明霍尔元件损坏。

2）二极管档。将数字式万用表档位开关置于二极管档，测量霍尔元件的红、黑引脚的正、反向电阻值,读数应显示1。下一步,测量霍尔元件的信号电压引脚对地脚的正、反向电阻值,正向读数为1,反向读数为600mV(因型号不同有误差)左右。否则说明霍尔元件损坏。

霍尔元件的检测如图3-43所示。

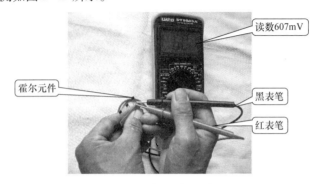

图3-43　霍尔元件的检测

3)无刷电动车检测仪检测。将检测仪的5芯霍尔插件与无刷电动机的5芯霍尔插件对插,检查霍尔元件的电源正、负极引脚不可接反。然后用手慢慢转动电动机,观察电动车检测仪上的霍尔检测指示灯,蓝、绿、黄3个指示灯应为交替点亮。否则,说明霍尔元件损坏。

六、互感滤波器的识别和检测方法 ★★★

互感滤波器由两个一样的线圈和磁心构成。它的作用主要是滤除交流电及外界干扰,使用在电源电路的交流输入部分。互感滤波器外形如图3-44所示。

图3-44　互感滤波器外形

互感滤波器的故障率较低,检测时可用万用表的蜂鸣器档,测量互感滤波器的输入脚与输出脚,应为相通状态,否则说明互感滤波器损坏,应更换相同型号的互感滤波器。

七、光电耦合器的识别和检测方法 ★★★

光电耦合器主要作用是隔离干扰和传送信号。光电耦合器由发光部分(发光二极管)和受光部分(光敏管)组成,两部分相互独立封装在一起。它是以光为媒介来传输电信号的器件,通常把发光器(红外线发光二极管)与受光器(光敏管)封装在同一管壳内。当输入端加电信号时发光器发出光线,受光器接收光线之后就产生光电流,从输出端流出,从而实现了"电—光—电"转换。

光电耦合器外形如图 3-45 所示;光电耦合器电路图形符号如图 3-46 所示。

图 3-45 光电耦合器外形

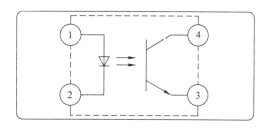

图 3-46 光电耦合器电路图形符号

光电耦合器常见的有 4 脚直插和 6 脚直插两种。引脚识别与普通集成电路一样,以标志点或缺口处,从器件正面看按逆时针方向数为第 1 引脚、第 2 引脚等。

光电耦合器主要应用于充电器和控制器的稳压控制电路,一般采用更换法判断是否损坏。

八、风机的识别和检测方法 ★★★

风机的作用是降温散热,电动自行车充电器内风机安装在充电器外壳上,常用风机规格型号为 5010mm(尺寸 50×50×10mm)直流 12V 风机。风机由直流电动机、风叶和支架构成。

风机外形如图 3-47 所示。

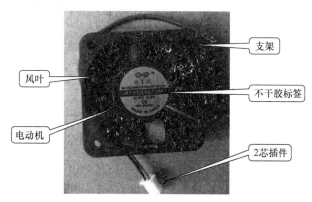

图 3-47 风机外形

风机常见故障是风机不转、风机转速慢或噪声大。风机的检测可以使用数字式万用表 DC 20V 档，测量风机的红、黑引线是否有 12V 供电，如果有 12V 供电，风机不转，说明风机损坏。也可用直接供电法检测，将 12V 风机的正负极引线直接对接 12V 蓄电池的正负极，如果风机不转，说明风机损坏，应更换同型号新风机。风机噪声大的故障大多是风机润滑油干涸所致，此时可以使用吹风机吹热风机顶端不干胶标签，掀开后加入润滑油即可排除故障。掀开风机不干胶标签如图 3-48 所示。

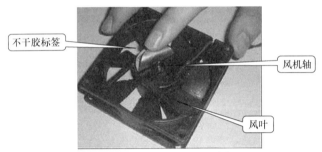

图 3-48　掀开风机不干胶标签

用直接供电法检测风机如图 3-49 所示。

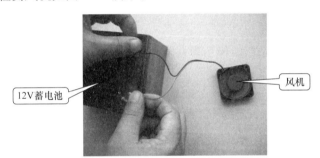

图 3-49　用直接供电法检测风机

九、散热片和导热硅脂的识别 ★★★

在电动自行车充电器与控制器中，发热量大的电子元件加装了散热片，在元件和散热片之间有的加装了绝缘垫片，绝缘垫片有硅橡胶和聚酯薄膜两种。在维修、更换安装 MOS 管时应注意，固定螺钉上还有个环状塑料绝缘垫，一定要安装好。另外，元件与散热片上还涂有导热硅脂。导热硅脂是一种既绝缘又导热的白色液体。散热片外形如图 3-50 所示；导热硅脂外形如图 3-51 所示。

 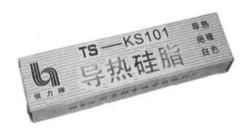

图 3-50　散热片外形　　　　　　　　图 3-51　导热硅脂外形

第四章

开关电源电路的结构、原理和单元电路识别

> **本章导读**：本章主要讲述开关电源电路的结构、原理和单元电路识别，以及常用集成电路识别。通过本章内容的学习和实践，读者可以掌握开关电源电路的结构、原理，充电器、控制器单元电路的原理以及常用集成电路资料。

★★★ 第一节　开关电源电路的结构、原理 ★★★

一、开关电源电路的优点 ★★★

目前，电动自行车充电器内部电路大多采用开关电源电路。开关电源又称交换式电源、开关变换器，它是一种高频化电能转换装置。

开关电源内部电路实物如图4-1所示。

图4-1　开关电源内部电路实物

开关电源电路具有以下优点：

1）效率较高，体积小。在开关电源电路中，晶体开关管在激励信号的激励下，交替地工作在导通—截止和截止—导通的开关状态，转换速度很快，频率高，所以就不存在铁损和铜损，元器件的损耗可以忽略不计，比较变压器式电源而言效率较高，其效率可达到80%。由于它只有元器件和电路板，所以体积小，重量轻。

2）电压输入范围宽。开关电源工作输入电压范围宽，一般可达到160～270V。滤波的

效率大为提高,使滤波电容器的容量和体积大为减少。在相同的纹波输出电压下,采用开关电源时,滤波电容器的容量只是线性稳压电源中滤波电容器的1/1000～1/500。电路形式灵活多样,有自激式和他激式,有调宽型和调频型,有单端式和双端式等,设计者可以发挥各种类型电路的特长,设计出能满足不同应用场合的开关电源。

3)稳压范围宽。开关电源的输出电压是由激励信号的占空比来调节的,输入信号电压的变化可以通过调频或调宽来进行补偿。这样,在电网电压变化较大时,它仍能够保证有较稳定的输出电压。所以开关电源的稳压范围很宽,稳压效果很好。开关电源不仅具有稳压范围宽的优点,而且实现稳压的方法也较多,设计人员可以根据实际应用的要求,灵活地选用各种类型的开关电源。

二、开关电源电路的原理 ★★★

开关电源是利用现代电子技术,控制开关晶体管开通和关断的时间比率,维持稳定输出电压的一种电源。其实质是通过改变电路中控制器件的导通时间来改变输出电压的大小,达到维持输出电压稳定的目的。

开关电源一般由脉宽调制(PWM)控制IC和MOSFET构成。开关电源是通过电路控制开关管进行高速的导通与截止,将直流电转化为高频率的交流电提供给变压器进行变压,从而产生所需要的一组或多组电压。转换为高频交流电的原因是高频交流电在变压器变压电路中的效率要比50Hz高很多。所以开关变压器(高频变压器)可以做得很小,而且工作时发热量小,成本很低。

随着电子技术的发展和创新,使得开关电源技术也在不断地创新,这为开关电源提供了广阔的发展空间。

三、开关电源电路的结构 ★★★

开关电源电路由市电输入电路、变换器、控制电路、输出电路四个主体部分组成。进一步细致划分,它包括输入滤波、输入整流、开关电路、采样、基准电源、比较放大、振荡器、V/F转换、基极驱动、输出整流、输出滤波电路等。

实际中的开关电源电路还要有保护电路、功率因数校正电路、同步整流驱动电路及其他一些辅助电路等。

典型的开关电源结构框图如图4-2所示。

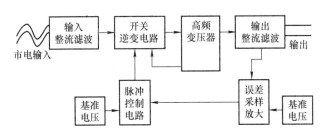

图4-2 开关电源结构框图

第四章 开关电源电路的结构、原理和单元电路识别

★★★ 第二节 充电器、控制器单元电路的识别 ★★★

一、市电电源变压电路 ★★★

市电电源变压电路是将220V市电用电源变压器来降压，然后经整流、滤波后输送给稳压电路进行稳压，最终成为稳定的直流电源，供后级电路用电。这种电路在早期的工频变压器式充电器上采用较多，目前只有电动三轮车用硅整流充电机采用这种电路。电源变压器由一次绕组、二次绕组和铁心组成。一次绕组用来输入电源交流电压，二次绕组输出所需要的交流电压。市电电源变压电路如图4-3所示。图中T1是电源变压器，VD是整流二极管，RL是负载电阻。

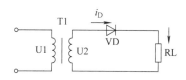

图4-3 市电电源变压电路

这路电路变压器后级通常需要整流二极管对变压器变压后的交流电进行整流，才能供后级电路使用，变压器后级的整流电路通常采用半波整流或全波整流。

半波整流电路如图4-4所示。全波整流电路如图4-5所示。

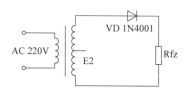

图4-4 半波整流电路

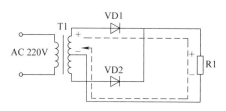

图4-5 全波整流电路

二、市电滤波电路 ★★★

充电器采用市电滤波电路，将AC 220V电源进行滤波。它的作用是滤除交流电的高频干扰，以免干扰脉冲影响后级开关电源电路的正常工作。

市电滤波电路如图4-6所示。

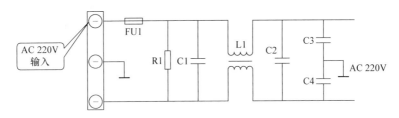

图 4-6 市电滤波电路

市电滤波电路由互感线圈 L1、差模电容器 C1、C2 和共模滤波电容器 C3、C4 构成，图中 FU1 是 AC 220V 电源保险。图中电容器不仅可以滤除市电的高频干扰，同时还可以阻止开关电源产生的高频脉冲进入电网中，影响其他用电设备。R1 是 C1、C2 的泄放电阻器。在断电后为 C1、C2 提供放电回路。还有的开关电源在 R1 两端接一只压敏电阻器 RV，用来防止市电电压中的尖峰脉冲损坏开关电源。

三、市电整流滤波电路 ★★★

★ 1. 市电整流电路

电源变压电路经过变压器变压后仍然是交流电，需要转换为直流电才能提供给后级电路，这个转换电路就是整流电路。整流电路的作用是将交流电转换为直流电。整流电路主要原理是利用二极管单向导电的特性制成的。整流电路种类较多，市电整流常用的是桥式整流电路。桥式整流电路如图 4-7 所示。

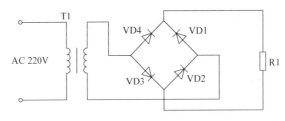

图 4-7 桥式整流电路

图中，T1 是电源变压器，VD1、VD2、VD3、VD4 是全桥整流二极管，R1 是负载电阻。

★ 2. 电容滤波电路

滤波电路种类较多，常见的滤波电路是电容滤波电路。电容滤波电路主要是利用电容器充放电时隔直流通交流的特性达到滤波的作用。

在充电器电路中，市电经整流电路之后输出的是有纹波的直流电，需经滤波电路滤波变成平滑的直流电才可以供后级电路使用。这种电路中的滤波电容器容量较大（多为400V/68μF以上），在其两端可以形成 300V 直流电压，所以通常称此电容器为 300V 滤波电容器。电容滤波电路如图 4-8 所示。

图中，S 是电源开关，C1 是差模电容器，VD1、VD2、VD3、VD4 是全桥整流二极管，C2 是 300V 滤波电容器，R2 是限流电阻器。工作过程是：当 S 闭合后，交流 220V 电源经 VD1～VD4 桥式整流后，变为 300V 直流电，此电压经 C2 滤波，得到平滑的 300V 直流电压。

第四章 开关电源电路的结构、原理和单元电路识别

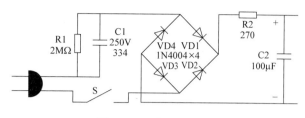

图 4-8 电容滤波电路

四、启动和振荡电路 ★★★

★ 1. 启动电路

充电器中的启动电路通常采用自激式开关电源,这种开关电源采用电阻限流启动方式较多,下面对其电路进行介绍,启动和振荡电路原理图如图 4-9 所示。

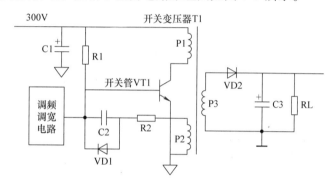

图 4-9 自激式开关电源启动和振荡电路原理图

图中,C1 是 300V 滤波电容器,T1 是开关变压器,VT1 是开关管,R1 是限流电阻器。工作过程是:滤波电容器 C1 两端的 300V 直流电压,经限流电阻器 R1、开关管 VT1 的 b-e 极构成回路。回路中的电流为开关管提供 1~4mA 的启动电流,使 VT1 进入初始放大状态,开关电源启动。

★ 2. 振荡电路

工作过程:开关管 VT1 启动后,进入初始导通状态。开关变压器 T1 的正反馈绕组 P2 感应出上正、下负的脉冲电压,经 R2、C2、VT1 构成回路,使 VT1 因正反馈雪崩过程迅速进入饱和导通状态。随后,VT1 因电容器 C2 充电而退出饱和并进入截止状态。VT1 截止时,T1 存储的能量经整流、滤波后向负载释放,然后变压器 T1 各个绕组产生反相电动势,这时变压器 P2 绕组产生的脉冲电压经 VD1、R2 再次使 VT1 进入饱和导通状态,形成自激振荡。

五、稳压电路 ★★★

市电经整流滤波后的直流电压必须采取一定的稳压措施才能适应后级电路的需要。另外,电路中的许多部位都需要稳定的直流电压才能工作。

稳压电路的作用是:无论输入电压还是负载变化,输出电压总是稳定不变的。

稳压电路种类较多,常见的有稳压二极管稳压电路、串联型稳压电路、开关型稳压电路

等。其中,稳压二极管稳压电路是最简单的稳压电路,充电器、控制器中采用集成稳压器的较多,下面重点介绍集成稳压器。

★ 1. 78××系列正电压集成稳压器

78××系列正电压集成稳压器的特点是体积小、性能优良、功能完善、成本低、使用方便等。

78××系列正电压集成稳压器从正面看,左边引脚为输入脚,中间引脚为公共地,右边引脚为输出脚。

78××系列正电压集成稳压器的外形和引脚功能如图4-10所示。

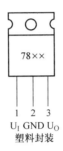

图4-10　78××系列正电压集成稳压器的外形和引脚功能

78××系列正电压集成稳压器国内外型号对应表见表4-1。

表4-1　78××系列正电压集成稳压器国内外型号对应表

国内型号	主要参数		国外产品对应型号
W7805	$U_O = 5V$	$I_O = 1.5A$	LM7805μA7805
W7806	$U_O = 6V$	$I_O = 1.5A$	LM7806μA7806
W7808	$U_O = 8V$	$I_O = 1.5A$	LM7808μA7808
W7810	$U_O = 10V$	$I_O = 1.5A$	LM7810μA7810
W7812	$U_O = 12V$	$I_O = 1.5A$	LM7812μA7812
W7815	$U_O = 15V$	$I_O = 1.5A$	LM7815μA7815
W7818	$U_O = 18V$	$I_O = 1.5A$	LM7818μA7818
W7824	$U_O = 24V$	$I_O = 1.5A$	LM7824μA7824
W78L05	$U_O = 5V$	$I_O = 100mA$	LM78L05μA78L05
W78L06	$U_O = 6V$	$I_O = 100mA$	LM78L06μA78L06
W78L09	$U_O = 9V$	$I_O = 100mA$	μA78L09
W78L10	$U_O = 10V$	$I_O = 100mA$	LM78L10μA78L10
W78L12	$U_O = 12V$	$I_O = 100mA$	LM78L12μA78L12
W78L15	$U_O = 15V$	$I_O = 100mA$	LM78L15μA78L15
W78L18	$U_O = 18V$	$I_O = 100mA$	LM78L18μA78L18

(续)

国内型号	主要参数	国外产品对应型号
W78L24	$U_O = 24V$ $I_O = 100mA$	LM78L24μA78L24
W78M05	$U_O = 5V$ $I_O = 500mA$	LM78M05μA78M05
W78M06	$U_O = 6V$ $I_O = 500mA$	LM78M06μA78M06
W78M08	$U_O = 8V$ $I_O = 500mA$	LM78M08μA78M08
W78M09	$U_O = 9V$ $I_O = 500mA$	801V9
W78M10	$U_O = 10V$ $I_O = 500mA$	LM78M10μA78M10
W78M12	$U_O = 12V$ $I_O = 500mA$	LM78M12μA78M12
W78M15	$U_O = 15V$ $I_O = 500mA$	LM78M15μA78M15
W78M18	$U_O = 18V$ $I_O = 500mA$	LM78M18μA78M18
W78M24	$U_O = 24V$ $I_O = 500mA$	LM78M24μA78M24

78××集成稳压器的检测可以使用测电阻法和在路测量电压法。

（1）用数字式万用表二极管档检测

使用数字式万用表的二极管档，测量78××集成稳压器的输入脚和输出脚分别对地脚的正、反向电阻，如果万用表读数为"0"，说明集成稳压器击穿短路。

用二极管档检测集成稳压器如图4-11所示。

（2）用指针式万用表电阻档检测

用F47型指针式万用表R×1k档实测7805集成稳压器的电阻值，见表4-2。

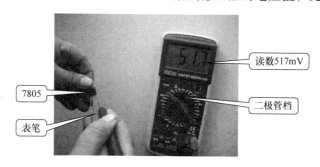

图4-11 用二极管档检测集成稳压器

表4-2 用F47型指针式万用表R×1k档实测7805集成稳压器的电阻值

红表笔所接引脚	黑表笔所接引脚	正常阻值/kΩ
GND（地）	输入	40
输入	GND（地）	7
GND（地）	输出	5
输出	GND（地）	5
输入	输出	5
输出	输入	50

(3) 在路测量电压法

在路电压测量法就是用万用表的电压档在电路板上直接测量 78×× 集成稳压器的各引脚电压值。下面以测量 7805 集成稳压器为例说明。首先测量 7805 的输入脚对地电压,如果有输入电压,然后测量输出脚对地电压为 5V,表示 7805 正常。否则,说明 7805 损坏。

★ 2. 三端可调的集成稳压器

三端可调的集成稳压器是一种使用方便、应用广泛的稳压集成电路。它分正电压输出和负电压输出两种。三端可调的集成稳压器主要有以下特点。

1) 使用方便,只要外接两个电阻器就可在一定范围内确定输出电压。
2) 具有限流、过热和安全区域的全过载保护功能。

三端可调的集成稳压器的种类见表 4-3。

表 4-3 三端可调的集成稳压器的种类

类型	产品型号	最大输出电流/A	输出电压/V
正电压输出	LM117L/217L/317L	0.1	1.2~37
	LM117M/217M/317M	0.5	1.2~37
	LM117/217/317	1.5	1.2~37
	LM150/250/350	3	1.2~33
	LM138/238/338	5	1.2~32
	LM196/396	10	1.2~15
负电压输出	LM137L/237L/337L	0.1	-1.2~-37
	LM137M/237M/337M	0.5	-1.2~-37
	LM137/237/337	1.5	-1.2~-37

★ 3. 集成电路误差放大器

集成电路误差放大器广泛应用于开关电源的稳压电路中,其外形与三极管相似,但其内部结构与三极管不一样。常见的型号有 TL431,前面字母表示生产公司的名称,后面标注有 "431" 字样。德州仪器公司 (TI) 生产的 TL431 是一个有良好热稳定性能的三端可调分流基准源。它的输出电压用两个电阻器就可以任意地设置为从 2.5V 到 36V 范围内的任何值。

TL431 外形如图 4-12 所示。

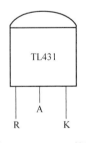

图 4-12 TL431 外形

使用指针式万用表实测 TL431 数据见表 4-4。

第四章 开关电源电路的结构、原理和单元电路识别

表 4-4 TL431 实测数据

符号	A	R	K
功能	阳极	取样	阴极
红表笔接 A，黑表笔测量/kΩ	0	无穷大	16
黑表笔接 A，红表笔测量/kΩ	0	3.5	22
说明	黑表笔接 R，红表笔接 K，阻值为无穷大；黑表笔接 K，红表笔接 R，阻值为 5kΩ		

六、显示电路 ★★★

在电动自行车的充电器和仪表显示电路中，大多采用发光二极管，它的优点是成本低廉。

发光二极管（LED）是半导体二极管的一种，可以把电能转化成光能。其内部是由含镓（Ga）、砷（As）、磷（P）、氮（N）等的化合物制成。当电子与空穴复合时能辐射出可见光，因而可以用来制成发光二极管。在电路及仪器中作为指示灯，或者组成文字或数字显示。砷化镓二极管发红光，磷化镓二极管发绿光，碳化硅二极管发黄光，氮化镓二极管发蓝光。

发光二极管分 2 个引脚和 3 个引脚两种。2 个引脚发光二极管外形如图 4-13 所示；3 个引脚发光二极管外形如图 4-14 所示；发光二极管电路图形符号如图 4-15 所示。

图 4-13 2 个引脚发光二极管外形

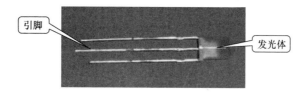

图 4-14 3 个引脚发光二极管外形

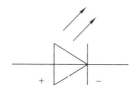

图 4-15 发光二极管电路图形符号

第三节 充电器、控制器常用 IC 的识别和检测

一、PWM 控制芯片 UC3842

★ 1. UC3842 的识别

UC3842 是美国摩托罗拉公司专门为开关电源生产的开关电源振荡和电流控制集成电路。UC3842 是单端输出电路,它是一种高性能的固定频率电流型控制器电路,能很好地用在隔离式单端开关电源以及直流转直流电源变换器设计中,它最大的优点是外接元器件少,外围电路简单,成本低廉。UC3842 外形如图 4-16 所示。

图 4-16 UC3842 外形

UC3842 常用于 20 ~ 80W 的小功率开关电源,工作频率可达 500kHz,启动电流小于 1mA,最高供电电压为 30V,最大输出电流为 1A,可直接驱动大功率双极型开关管或场效应管。UC3842 在近几年生产的电器中应用较广。与 UC3842 功能和作用相同的型号有 UC2842A/2843A、UC3842A/3843A、UC3842B/3843B、UC2842B/2841B、UC3844/3845、UC2844B/2845B、UC3844B/3845B,这些芯片各项参数基本相同。同等欠电压锁定值的可以相互代换,低欠电压锁定值的也可以直接代换高欠电压锁定值的芯片,UC3842 可以用 KA3842、TL3842 直接代换。

UC3842 的 8 脚封装引脚排列和功能如图 4-17 所示,UC3842 引脚功能和维修数据见表 4-5。

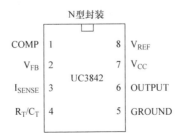

图 4-17 UC3842 引脚排列和功能

第四章 开关电源电路的结构、原理和单元电路识别

表 4-5 UC3842 引脚功能与维修数据

引脚号	符号	功能	电压/V	电阻/kΩ	
				正向电阻	反向电阻
1	COMP	误差信号放大器补偿（误差输出）	2.8	10	34
2	V_{FB}	反馈输入（误差信号输入）	2.6	10	16
3	I_{SENSE}	开关管电流检测（过电流保护）	0.08	1.2	1.3
4	R_T/C_T	外接 RC 定时元件	0.9	12	18
5	GROUND	地线	0	0	0
6	OUTPUT	开关管驱动脉冲输出	1.3	11	22
7	V_{CC}	电源	17	8	16
8	V_{REF}	5V 基准电压	5	6	6.5

★ **2. UC3842 的检测**

1 脚为误差信号放大器补偿。2 脚为反馈输入脚。3、5 脚是电流检测端。该端在每周期内对流过开关管的电流进行检测，一旦过电流（即该端电压大于 1V 时），则立即停止输出驱动脉动，关断功率开关管，起到过电流保护和限制负载电流的作用。6 脚是控制脉冲输出端，实测为基值 0V。7 脚是电源端，供电电压 17V。UC3842 的启动电压低于 16V 时，UC3842 不能启动，其 6 脚无驱动电压输出，开关电源电路不能工作。当 UC3842 已启动，但负载有过电流使开关变压器的感抗下降，其反馈绕组输出的工作电压低于 11V 时，UC3842 的 7 脚内部欠电压保护电路动作，UC3842 停止工作，避免了场效应管因激励不足而损坏。如果由于某种原因（例如负载短路）引起 UC3842 的 3 脚（电流检测端）电压升高，当该电压上升到 1V 时，UC3842 的 6 脚无脉冲电压输出，电流停止工作，实现过电流保护。

检测 UC3842 是否损坏，可在 UC3842 的 5、7 脚间接入 17V 直流电压，测量 UC3842 的 8 脚有无 5V 稳压输出。若 8 脚没有 5V 电压，说明 UC3842 已损坏。维修时可测 7 脚电压值是否为 17V。也可吸空 7 脚，测量 7 脚外围供电电压应为 70V 左右空载电压。如果有 70V 电压可判断 UC3842 7 脚内部电路坏，应更换 UC3842。如果 7 脚有 17V 电压，8 脚没有 5V 电压，可吸空 8 脚，测量其输出电压应为 5V，如果无 5V 电压可判断 UC3842 8 脚内部电路损坏，应更换 UC3842。如果有 5V 电压，应检查 UC3842 外围元器件。

★ **3. UC3842 不同型号的差别**（见表 4-6）

表 4-6 UC3842 不同型号的差别

型号	7 脚启动电压/V	启动后 7 脚最低工作电压 （欠电压保护动作电压）/V	6 脚输出驱动脉冲 占空比最大值
UC3842/UC2842	16	10	
UC3843/UC2843	8.5	7.6	
UC3844/UC2844	16	10	50%~70% 可调
UC3845/UC2845	8.5	7.6	50%~70% 可调

二、PWM 控制芯片 TL494 ★★★

★ 1. TL494 芯片简介

TL494 是一种开关电源脉宽调制（PWM）控制芯片，它由德州仪器公司生产。TL494 芯片外形如图 4-18 所示。

图 4-18　TL494 芯片外形

TL494 芯片基本特性

1）具有两个完整的脉宽调制控制电路。
2）有两个误差放大器。一个用于反馈控制，一个可以定义为过电流保护等保护控制。
3）带 DC 5V 基准电源。
4）死区时间可以调节。
5）输出级电流为 500mA。
6）输出控制可以用于推挽、半桥或单端控制。
7）具备欠电压封锁功能。

★ 2. TL494 芯片引脚功能

TL494 芯片有 16 个引脚，其引脚排列及功能如图 4-19 所示。

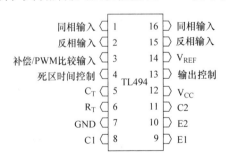

图 4-19　TL494 引脚排列及功能

1 脚（同相输入）：误差放大器 1 同相输入端。
2 脚（反相输入）：误差放大器 1 反相输入端。
3 脚（补偿/PWM 比较输入）：接 RC 网络，以提高稳定性。
4 脚（死区时间控制）：输入 DC 0~4V 电压，控制占空比在 0%~45% 之间变化。同时该因引脚也可以作为软启动端，使脉宽在启动时逐步上升到预定值。

第四章 开关电源电路的结构、原理和单元电路识别

5 脚（C_T）：振荡器外接定时电阻器。

6 脚（R_T）：振荡器外接定时电容器。振荡频率：$f=1/R_T C_T$。

7 脚（GND）：电源地。

8 脚（C1）：输出 1 集电极。

9 脚（E1）：输出 1 发射极。

10 脚（E2）：输出 2 发射极。

11 脚（C2）：输出 2 集电极。

12 脚（V_{CC}）：芯片电源正。DC 7~40V。

13 脚（输出控制）：输出方式控制，该引脚接地时，两个输出同步，用于驱动单端电路。接高电平时，两个输出管交替导通，可以用于驱动桥式、推挽式电路的两个开关管。

14 脚（V_{REF}）：DC 5V 电压基准输出。

15 脚（反相输入）：误差放大器 2 反相输入端。

16 脚（同相输入）：误差放大器 2 同相输入端。

★ 3. TL494 芯片的代换和检测

以下芯片均可直接代换 TL494：SG3524、KA7500、BD494、BDL494、S494PA、IR3M02/MB、SAQ8818（转向 180°）。

充电器正常工作时 TL494 各引脚电压值见表 4-7。

表 4-7 充电器正常工作时 IC1（TL494）各引脚电压

引脚号	1	2	3	4	5	6	7	8	9	10
电压/V	3.2	3.2	4	0.5	2.2	3.0	0	2.1	0	0
引脚号	11	12	13	14	15	16				
电压/V	2.1	2.0	5.0	5.0	0.15	0				

三、时基电路 555 ★★★

时基电路 555 是一种用途较广的精密定时器，可用来发生脉冲，做方波发生器、自激振荡器、定时电路、延时电路、脉宽调制电路、脉宽缺少指示电路、监视电路等。其工作电压为 5~18V，常用 10~15V，最大输出电流为 200mA，可驱动功率开关管、继电器、发光管、指示灯，做振荡器时，最高频率可达 300kHz。

时基电路 555 比较简单，内部集成了 21 个三极管、4 个二极管和 16 个电阻器，组成了两个电压比较器、一个 R-S 触发器、一个放电三极管和一个分压器（由 3 个电阻器组成）。上比较器和下比较器是由两个高增益的电压比较器，3 个电阻器（阻值都是 5kΩ）等组成，时基电路 555 名称由此而来。

时基电路 555 有很多厂家型号，例如，MC555、CA555、XR555、LM555 等；国产型号有 SL555、FX555、5G1555 等，典型的、也是最常用的是 NE555。555 前的字母只表示生产厂家。凡是时基电路 555，电路内部结构均相同，性能也都是相同的。

时基电路 555 外形如图 4-20 所示。

时基电路 555 引脚功能见表 4-8。

图 4-20 时基电路 555 外形

表 4-8 时基电路 555 引脚功能

引脚号	引脚名	功能	引脚号	引脚名	功能
1	GND	地	5	VC	控制信号输入
2	TR	触发信号输入	6	TH	阈值设置
3	V_O	输出	7	DIS	放电控制
4	MR	总复位控制	8	V_{CC}	电源

时基电路 555 的 8 脚是集成电路工作电压输入端,电压为 5~18V,以 V_{CC} 表示。

1 脚为地。

2 脚为触发输入端。

3 脚为输出端。输出的电平状态受触发器控制,而触发器受上比较器 6 脚和下比较器 2 脚的控制。

2 脚和 6 脚是互补的,2 脚只对低电平起作用,高电平对它不起作用,即电压小于 $U_{CC}/3$,此时 3 脚输出高电平。6 脚为阈值端,只对高电平起作用,低电平对它不起作用,即输入电压大于 $2U_{CC}/3$,称高触发端,3 脚输出低电平,但有一个先决条件,即 2 脚电位必须大于 $U_{CC}/3$ 时才有效。3 脚在高电位接近电源电压 U_{CC},输出电流最大可达 200mA。

4 脚是复位端。当 4 脚电位小于 0.4V 时,不管 2、6 脚状态如何,输出端 3 脚都输出低电平。

5 脚是控制端。

7 脚是放电端。与 3 脚输出同步,输出电平一致,但 7 脚并不输出电流,所以 3 脚称为实高(或低),7 脚称为虚高。

四、PWM 控制芯片 LZ110 ★★★

PWM 控制芯片 LZ110 是充电器专用集成电路,具有脉冲快速充电、放电去极化模式,可用于铅酸电池、镍系列电池中低压快速充电电路。

PWM 控制芯片 LZ110 共有 18 个引脚,其各引脚功能如下:1 脚为稳压输入端,2 脚为稳压输出端,3、4 脚分别为时序电路的 C 端和 R 端,时序电路的占空比由 3、4 脚外接电阻器、电容器决定，延时电路的延时时间由5脚外接电阻器、电容器决定，因此称为延时RC。从充电电路图中看出，6脚是放电脉冲输出端，9脚为地，10、11脚组成锯齿波C和R端，锯齿波的斜率由两脚间电阻和电容值决定，12脚为同步输入端，13脚为综合比较器移相电压输入端，14脚为时序输入，15脚为方波输出，16脚为充电电压状态检测输入。根据检测结果，17脚发出是否关断电路的命令，并由18脚执行。

五、无刷控制器专用芯片 MC33033 和 MC33035 ★★★

★ 1. MC33033 和 MC33035 概述

安森美公司的无刷控制器专用芯片有 MC33033（20脚）和 MC33035（24脚），MC33033 是 MC33035 的简化型，是目前市场上无刷控制器的常用芯片。

MC33035 是美国安森美公司开发的高性能第二代单片无刷直流电动机控制器专用芯片。

MC33035 采用双极性模拟工艺制造，可在任何恶劣的工业环境条件下保证高品质和高稳定性。

MC33035 也可以用来控制直流有刷型电动机。它在有刷控制器中只利用了一相，但充分利用了该集成电路的成熟技术，有外接元器件数量少等优点，因此也有很多厂家在有刷控制器中采用。

★ 2. MC33033 和 MC33035 引脚功能（见表4-9）

表4-9 MC33033 和 MC33035 引脚功能

无刷控制器芯片型号	MC33033	MC33035
功能	引脚号	
基准电压6.25V	7	8
V_{CC}	14	17
GND	13	16
相角调整	18	22
传感器输入	4、5、6	4、5、6
上管驱动	2、1、20	2、1、24
下管驱动	17、16、15	21、20、19

六、功率管驱动芯片 IR21×× 系列 ★★★

★ 1. IR21×× 系列概述

IR 公司的 IR21×× 系列芯片 IR2103、IR2110、IR2113、IR2181、IR21884、IR21844 是一款驱动无刷控制器中 NMOS 功率管的专用芯片，它的作用是将来自单片机或无刷电动机专用芯片的控制信号转换为驱动电压，内部有防桥短路保护电路，驱动能力比较强，可以驱动NMOS 功率管。

★ 2. IR21××系列引脚功能（见表4-10）

表4-10 IR21××系列引脚功能

无刷控制器 芯片型号	IR2103 (S)	IR2110	IR2113	IR2181 (3/4)	IR21884 (2S)	IR21844 (S)
功能	引脚号					
V_{CC}	1	3	3	5	1	7
GND	4	2	2	3	12	5
上管驱动	7	7	7	7	27、23、19	12
下管驱动	5	1	1	4	16、15、14	6

七、无刷控制器芯片 LB11820 ★★★

★ 1. LB11820 概述

LB11820 为日本三洋（SANYO）公司生产，在大多数48V 无刷控制器中采用，有30个引脚。

LB11820M 是用于48V 无刷控制器的集成电路，直接前级驱动集成电路（脉宽调制集成电路），适用于三相无刷电动机。通过在输出电路部分使用适当的离散晶体管，这个集成电路就可以使电动机驱动电路提供我们需要的输出电压和电流。它是驱动空调和热水加热器等大型电动机的最佳选择。

★ 2. 功能和特点

1) 三相两极驱动。
2) 直接脉宽调制驱动。
3) 内建制动功能（短路制动）。
4) 正反转切换功能。
5) 反转模式保护电路。
6) 完整的保护电路，包括电流限制、低压保护、电动机约束（转子锁定）保护电路。
7) 支持两种控制方式：电压控制或脉宽调制器负载输入。

LB11820 引脚功能如图4-21 所示。

八、无刷控制器芯片 LB11690/LB11691 ★★★

日本三洋相角（SANYO）公司还生产有无刷控制器芯片 LB11690（支持120°相角）、LB11691（支持60°和120°相角转换）。

LB11690/LB11691 是用于36V 电动车无刷控制器的 IC，有很好的集成特性，使外围电路简单化；内部集成有输出驱动电路、限流电路、PWM 振荡电路、充电泵电路、霍尔输入电路、低电压保护电路、RES 电路、RC 电路、FV 电路等；采取三相双极、直接 PWM 驱动；内置升压电路，用于电动机线圈驱动的外置晶体管可全部由 n 型 MOSFET 构成；支持霍尔 IC 输入，集成了速度显示信号和用于速度控制的 FG 信号的 F/V 转换输出功能，以及用

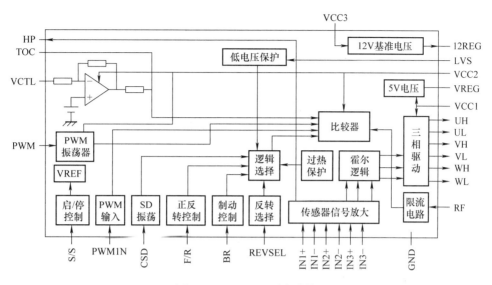

图 4-21　LB11820 引脚功能

于速度控制的输入信号缓冲放大电路等；能够将原来驱动元件中的总计 7 个 IC 集成到一片芯片中，有利于元件的小型轻量化及降低生产成本；最大工作电压为 +45V，最大输出电流为 40mA；PWM 振荡频率为 39kHz（标准值）；可替代 MC33035 和其他几个芯片的组合。

九、四运算放大器 LM324 和四电压比较器 LM339　★★★

★ 1. 四运算放大器 LM324

四运算放大器 LM324 是运用得非常广泛的一种线性集成电路，而且种类繁多，在运用方面不但可对微弱信号进行放大，还可作为反相、电压跟随器，可对电信号做加减法运算，所以被称为四运算放大器。

LM324 采用 14 脚双列直插塑料封装。它的内部包含四组形式完全相同的运算放大器，除电源共用外，四组运放相互独立。

LM324 外形如图 4-22 所示。

图 4-22　LM324 外形

LM324 电压放大倍数很大，其内部由许多直接耦合放大器组成，工作点漂移小，效率高。

LM324 电路图形符号如图 4-23 所示。

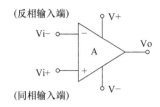

图 4-23　LM324 电路图形符号

图 4-23 中,"＋"和"－"为两个信号输入端,"V＋"和"V－"为正、负电源端,"Vo"为输出端。两个信号输入端中,Vi－(－)为反相输入端,表示运放输出端 Vo 的信号与该输入端的相位相反;Vi＋(＋)为同相输入端,表示运放输出端 Vo 的信号与该输入端的相位相同。

★ 2. 四电压比较器 LM339

四电压比较器 LM339 和四运算放大器 LM324 电路图形符号一样,但内部构造不同。四电压比较器的作用:它可用作模拟电路和数字电路的接口,还可以用作波形产生和变换电路等。利用简单电压比较器可将正弦波变为同频率的方波或矩形波。电压比较器结构简单、灵敏多高,但是抗干扰能力差。

四电压比较器常用于脉宽调制(PWM)、多阶段充电器各阶段转换和蓄电池电量显示电路,以及各种保护电路。例如,控制器的蓄电池欠电压保护和过电流保护电路。

LM339 外形如图 4-24 所示。

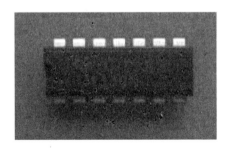

图 4-24　LM339 外形

LM339 集成块内部装有四个独立的电压比较器,该电压比较器的特点是:①失调电压小,典型值为 2mV;②电源电压范围宽,单电源为 2～36V,双电源电压为 ±1～±18V;③对比较信号源的内阻限制较宽;④输入电压范围很大,大到可以等于电源电压;⑤输出端电位可灵活方便地选用。

LM339 集成块采用 C-14 型封装,其引脚排列如图 4-25 所示。由于 LM339 使用灵活、应用广泛,所以世界上各大 IC 生产厂商、竞相推出自己的四电压比较器,例如,IR2339、ANI339、SF339 等,它们的参数基本一致,可互换使用。

第四章 开关电源电路的结构、原理和单元电路识别

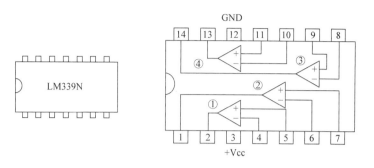

图 4-25 LM339 引脚排列

十、双运算放大器 LM358 ★★★

双运算放大器 LM358 内部包括有两个独立的、高增益、内部频率补偿的双运算放大器，适合于电源电压范围很宽的单电源使用，也适用于双电源工作模式，在推荐的工作条件下，电源电流与电源电压无关。它的使用范围包括传感放大器、直流增益模组、音频放大器、工业控制、DC 增益部件和其他所有可用单电源供电的使用运算放大器的场合。LM358 外形如图 4-26 所示。

图 4-26 LM358 外形

LM358 特性如下：①内部频率补偿。②直流电压增益高（约 100dB）。③单位增益频带宽（约 1MHz）。④电源电压范围宽：单电源为 3～30V；双电源为 ±1.5～±15V。⑤低功耗电流，适合于电池供电。⑥低输入偏流。⑦低输入失调电压和失调电流。⑧共模输入电压范围宽，包括接地。⑨差模输入电压范围宽，等于电源电压范围。⑩输出电压摆幅大（0～$U_{CC} - 1.5V$）。

LM358 引脚排列和功能如图 4-27 所示。

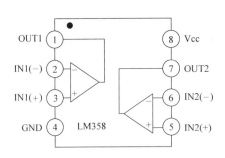

图 4-27　LM358 引脚排列和功能

十一、整流桥集成块 ★★★

★ 1. 整流桥集成块简介

电动自行车充电器中的桥式整流和低频大功率有刷控制器作续流的四个二极管现在大多连接在一起，叫整流桥，又叫桥堆。整流桥有四个脚：共阳极、共阴极、两个交流腰。有缺口标志并带"+"号的是共阳极，有"-"号的是共阴极，带"~"的为交流腰。整流桥外形如图 4-28 所示。

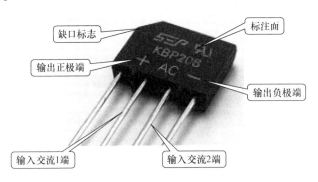

图 4-28　整流桥外形

整流桥是四个二极管的集成电路，整流桥的电路形式等同于四个二极管搭建的桥式整流电路。但是由于整流桥是小规模集成电路，不可能做得很大，因此功率不可能过高。整流桥一般适用于对于功率要求不高的小型用电设备。对于大功率用电设备，通常采用四个二极管组成的桥式整流电路，来保证大通路。所以用二极管组成的整流电路应用范围更为广泛，而整流桥，小巧方便，占用空间小，适用于精密电路。

★ 2. 整流桥集成块的检测

使用数字式万用表的二极管档，红表笔接交流 1、2 端，黑表笔接正极端，万用表读数为 500mV 左右，反向不通。黑表笔接交流 1、2 端，红表笔接负极端，万用表读数为 500mV 左右，反向不通，表示整流桥正常，否则说明整流桥损坏。整流桥集成块的检测如图 4-29 所示。

第四章 开关电源电路的结构、原理和单元电路识别

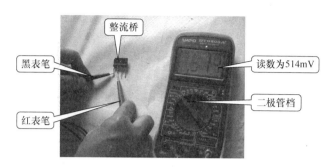

图 4-29 整流桥集成块的检测

第五章

充电器电路分析和故障维修

本章导读：本章主要讲述电动车充电器的结构和电路分析及故障维修。内容涉及充电器的作用和分类，充电器的参数和代换，以及充电器的结构和电路分析及故障维修。通过本章内容的学习和实践，读者可以掌握充电器的结构、电路原理和维修技术。

★★★ 第一节　充电器基本知识 ★★★

一、充电器的作用和分类 ★★★

★ 1. 充电器的作用

电动自行车充电器的作用是给蓄电池充电。它是将交流 220V 电通过充电器转换为蓄电池需要的直流电，充入蓄电池贮存起来，供电动自行车使用。充电器的性能和质量主要影响电动自行车蓄电池的使用寿命。充电器属于家用电器类，所以日常使用中安全方面是至关重要的，其外壳和其他易触及部件的绝缘应符合双重绝缘或加强绝缘的要求。充电器外形如图 5-1 所示。

图 5-1　充电器外形

★ 2. 充电器的分类

充电器按充电模式分可分为二段式、三段式充电器。早期电动车充电器大多使用二段式充电器，由于二段式充电器容易使蓄电池产生硫酸盐化，现在市场上销售的都是三段式充

第五章 充电器电路分析和故障维修

电器。

充电器一般与蓄电池配套使用,充电器按工作电压和初充电蓄电池容量主要有以下几种:

1) 12V 蓄电池串联的:36V/12Ah;48V/12Ah;48V/20Ah;60V/20Ah;72V/20Ah。

2) 16V 蓄电池串联的:64V/14A;64V/20A。

常用充电器的充电参数见表 5-1。

表 5-1 常用充电器的充电参数

型号	适用电池组	充电电流/A
36V 系列(充电电压 42V)	铅酸蓄电池 36V/10~14Ah	1.2~1.8
	铅酸蓄电池 36V/17~20Ah	2.0~2.5
	铅酸蓄电池 36V/22~24Ah	2.7~3.0
	铅酸蓄电池 36V/28~30Ah	3.5~3.8
	铅酸蓄电池 36V/30~40Ah	3.8~5.0
48V 系列(充电电压 56V)	铅酸蓄电池 48V/10~14Ah	1.2~1.8
	铅酸蓄电池 48V/17~20Ah	2.0~2.5
	铅酸蓄电池 48V/22~24Ah	2.7~3.0
	铅酸蓄电池 48V/28~30Ah	3.5~3.8
	铅酸蓄电池 48V/30~40Ah	3.8~5.0
60V 系列(充电电压 72V)	铅酸蓄电池 60V/10~14Ah	1.2~1.8
	铅酸蓄电池 60V/17~20Ah	2.0~2.5
	铅酸蓄电池 60V/22~24Ah	2.7~3.0
	铅酸蓄电池 60V/28~30Ah	3.5~3.8
72V 系列(充电电压 86V)	铅酸蓄电池 72V/10~14Ah	1.2~1.8
	铅酸蓄电池 72V/17~20Ah	2.0~2.5
	铅酸蓄电池 72V/22~24Ah	2.7~3.0
	铅酸蓄电池 72V/28~30Ah	3.5~3.8

二、充电器的内部结构和工作原理 ★★★

★ 1. 充电器的内部结构

充电器上有两个插头,一个是交流输入 220V 插头,一个是直流输出充电插头。它有两个指示灯,一个是红色电源指示灯,一个是红、绿两色充电状态指示灯。充电时电源指示灯一般为红色,充电状态指示灯为红色,充电时间为 8~10h,等蓄电池充满电后,充电状态指示灯变为绿色,此时应拔下充电器,停止充电。

扫一扫看视频

充电器从结构上可分为变压器式充电器和开关电源三段式充电器。目前电动自行车厂家大多采用开关电源三段式充电器。典型的 48V 三段式充电器的内部结构如图 5-2 所示。

★ 2. 充电器的基本工作原理

充电器主要由整流滤波、高压开关、电压交换、恒流和恒压充电控制等几个部分组成。充电器的工作原理框图如图 5-3 所示。

充电器的基本工作原理如下:市电交流 220V 电压经整流滤波电路转换为直流 300V 左

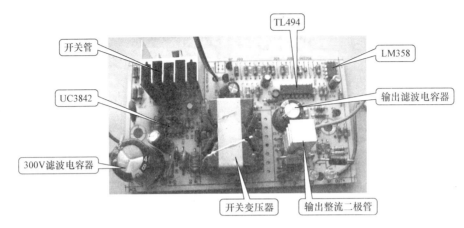

图 5-2 典型的 48V 三段式充电器的内部结构

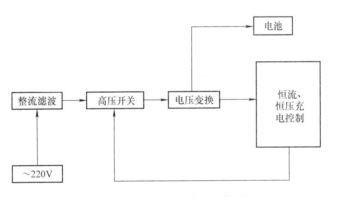

图 5-3 充电器的工作原理框图

右的电压,通过高压开关电路及电压交换电路,产生充电时所需的低压直流电压,再由充电控制电路控制后对电池充电。恒流、恒压充电控制电路的作用是保持充电时电流、电压的稳定,以免损坏蓄电池。采用开关电源三段式充电方式的充电器具有体积小、重量轻、效率高等优点。

> **知识链接**
>
> ### 什么是三段式充电
>
> 现在市场上的电动车充电器一般都采用的是三段式智能充电模式,电路设计原理多采用开关恒流恒压电源的设计。其三段式充电原理如下。
>
> 1)第一阶段:恒流段,当蓄电池电压较低时,为了避免充电电流过大损坏蓄电池,应该限制充电电流不能过大,又为了缩短充电时间,应使用允许的最大电流充电,所以采用了恒流充电。恒流充电过程中,充电器始终以恒定的电流(一般为 0.18~3C,C 为蓄电池容量)自动调整输出电压对蓄电池充电。充电过程中蓄电池电压会越充越高,直至升到 2.45V/格。然后转入下一阶段充电。恒流充电阶段为主充电阶段,

第五章 充电器电路分析和故障维修

蓄电池已经充入85%~90%的电量,恒流充电阶段,蓄电池电压会超过析氢电压2.35V/格,这也就是电动车蓄电池都会失水的原因。只是因为蓄电池质量和充电器质量的不同,失水的程度也会有较大的差异。

2) 第二阶段:恒压段,当恒流充电结束后,充电器输出电压就不变了,保持这个恒定的电压对蓄电池充电,在恒压充电过程中,蓄电池电压会越来越高,电流会越来越小,当充电电流下降到0.5C时,恒压充电结束,转入下一阶段充电,恒压充电阶段就是对蓄电池补充充电,结束时蓄电池已基本充满。恒压阶段电压过高,会造成过度失水和过度充电,电压过低会导致欠充电和蓄电池硫化。所以应严格控制其充电的电压和电流。有的充电器在这个阶段,加大了充电电流,同时加入了负脉冲放电功能,用以消除蓄电池极板表面的浓差极化现象,改善蓄电池受电能力和降低温升,减轻了蓄电池的过度失水,从而进一步缩短充电时间,这就是负脉冲充电方式。有的充电器,将充电时的平滑直流电改为脉冲电流充电,这种充电器就叫脉冲充电器。脉冲充电器利用具有间隔的短时间高电压大电流的充电特性,既改善了蓄电池受电能力,又有除硫的效果。

3) 第三阶段:浮充段,浮充充电也叫涓流充电,浮充充电阶段实际上也是恒压充电,只是充电电压较低、电流较小,属保养性充电,允许较长时间安全充电。在这个阶段充电器的充电电压一般不变,充电电流较自放电电流略大,一般为0.01~0.03C。通过涓流充电,可以将电池电量充到接近100%。过小的电流不足以弥补蓄电池的自放电,过大的电流会导致过充和失水。小电流长时间的充电,具有消除负极板硫化的作用。

★★★ 第二节 充电器的正确使用和代换 ★★★

一、充电器的正确使用方法 ★★★

充电器的正确使用,不仅影响到充电器自身的可靠性和使用寿命,而且还会影响到蓄电池的使用寿命。大多用户不会正确使用充电器,下面对充电器的正确使用方法进行介绍。

★ 1. 充电器的正确使用方法

充电器充电时,要先插上充电器的直流输出插头(见图5-4),然后插入交流220V电源插头(见图5-5)。一般充电时间为8~10h,实际充电时间应根据蓄电池放电情况而定。充电时,充电器的电源指示灯显示红色,充电指示灯也显示红色。充电指示灯变为绿色后表示蓄电池已基本充满,如果不急用,应再浮充1~2h,然后拔下交流电源插头。停止充电时,要先拔下充电器的交流输入插头,然后拔下充电器的直流输出插头。

★ 2. 充电器使用注意事项

1) 当取下蓄电池时,注意不要用手或金属制品去触摸蓄电池的两个电极触头,以免受伤。另外蓄电池应平放,注意不要倒置。

2) 请将充电器在干燥、通风良好的环境下使用,并需防潮、防湿。充电器工作时会产生一定的热量,其底部或四周严禁放置易燃物品,如塑料或泡沫等。如果您在充电时闻到异

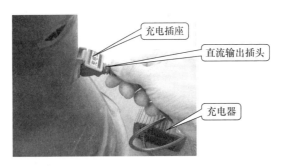

图 5-4 插上蓄电池充电插头

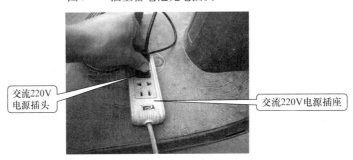

图 5-5 插上交流 220V 电源插头

味或发现充电器外壳温度过高,应立即停止充电,检查修理。

3)充电时,蓄电池及充电器应放置在儿童触及不到的安全地方。

4)使用或存放充电器时,应防止任何液体或金属屑粒等进入充电器内部,防止跌落及撞出,以免造成充电器损坏。

5)充电器属于较精密的电子设备,因此,在使用中要注意防振动。尽量不要随车携带,如确要携带,应将充电器用减振材料包装好后放置于车上工具箱内,并应注意防雨。

6)充电器内部有高压电路,请消费者不要擅自拆卸、维修。

二、充电器的代换 ★★★

充电器代换时要选用与电动车蓄电池的电压和容量 Ah(安时)参数相对应的充电器,可通用的充电器如下:

1)36V/10Ah、36V/12Ah、36V/14Ah 通用;

2)48V/10Ah、48V/12Ah、48V/14Ah 通用;

3)48V/17Ah 与 48V/20Ah 通用。

4)60V/17Ah 与 60V/20Ah 通用。

5)72V/17Ah 与 60V/20Ah 通用。

充电器代换时,交流输入 220V 插头都一样,圆孔形的直流输出插头中间为正极,外壳为负极,如图 5-6 所示,可以通用代换。

直流输出插头三孔形的不通用,三孔形直流输出插头有三种接线方法:

1)N 为正极,L 为负极,上部 E 插孔为地线,可用于大多数车型,如图 5-7 所示。

2)N 为负极,L 为正极,上部 E 插孔为地线。例如,可用于绿源牌电动车、小鸟牌电

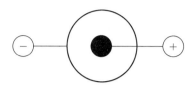

图 5-6 圆孔形直流输出插头极性

动车,如图 5-8 所示。

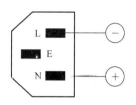

图 5-7 常用三孔形直流输出插头极性

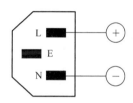

图 5-8 反极三孔形直流输出插头极性

3) L 为正极,上部 E 为负极,N 为空脚。例如,可用于速派奇牌电动车用充电器直流插头,这种直流插头的优点是,充电器使用中不会因正、负极插反而损坏,如图 5-9 所示。

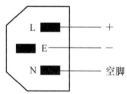

图 5-9 速派奇牌电动车专用三孔形直流输出插头极性

> **重点提示**
>
> **充电器直流输出插头正、负极性的判断**
>
> 首先将数字式万用表档位开关置于 DC 200V 档,然后将充电器插上交流 200V 插头,测量充电器的直流输出插头,如果万用表显示屏显示为 "××V" 电压,表示红表笔所接的插头为正极,黑表笔所接的插头是负极,如图 5-10 所示。如果万用表显示屏显示为 "-××V" 电压,表示红表笔所接插头为负极,黑表笔所接插头为正极,如图 5-11 所示。

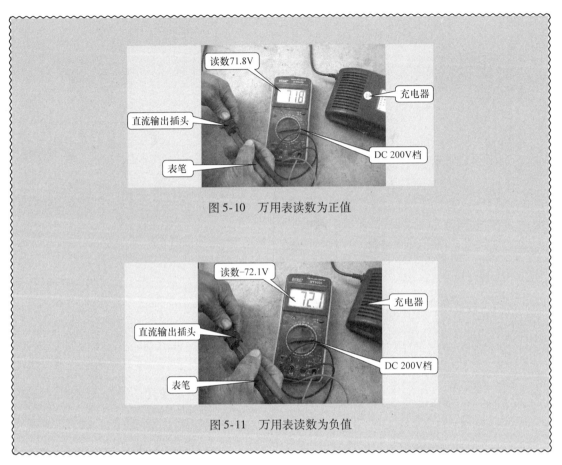

图 5-10　万用表读数为正值

图 5-11　万用表读数为负值

★★★第三节　UC3842 + LM358 构成的充电器电路分析和故障维修★★★

一、充电器电路分析 ★★★

扫一扫看视频

　　以 UC3842 集成电路为电源集成块的充电器在市场上拥有量较大,本节以电源控制芯片 UC3842 和四运算放大器 LM358 构成的为例进行电路分析。其电路原理图如图 5-12 所示。

　　★ 1. 主要元器件功能介绍

　　该充电器以 UC3842 驱动场效应管和相关元器件构成功率变换器部分 U1 UC3842 为脉宽调制集成电路。其 5 脚为电源地,7 脚为电源正极,6 脚为脉冲输出直接驱动场效应管 VT1(K1358),3 脚为最大电流限制,调整 R25(2.5Ω)的阻值可以调整充电器的最大电流。2 脚为电压反馈,可以调节充电器的输出电压。4 脚外接振荡电阻器 R1 和振荡电容器 C1。T0 为高频变压器,其作用有三个:第一是把高压脉冲降压为低压脉冲;第二是起到隔离高压的作用;第三是为 UC3842 提供工作电源。VD6 是电源指示灯。VD10 为充电指示灯。R27(3W/0.1Ω)是电流取样电阻器。U2 光电耦合器(4N35)和 U3(TL431)

为精密基准电压源,与微调电位器 RP1 起到自动调节充电器电压的作用。

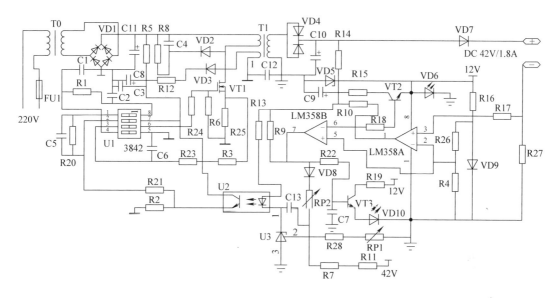

图 5-12 UC3842 + LM358 构成的充电器电路原理图

LM358 四运算放大器和相关元器件构成电压检测的控制部分,来实现三阶段充电方式。

★ 2. 市电整流滤波电路

该充电器通上市电后,交流 220V 市电经 2A 熔丝管 F1,送到 T0,经双向滤波抑制干扰后,经 VD1 桥式整流为脉动直流,在电容器 C11 两端形成 300V 左右的直流电压。

★ 3. 启动电路

电容器 C11 上的 300V 电压,一路经 T1 的一次绕组加载到开关管 VT1 的 D 极为它供电。另一路经限流电阻器 R5,电容器 C8、C3 滤波后加到 U1 的第 7 脚,为 U1 供电。U1 供电后开始工作。从 U1 的第 6 脚输出方波脉冲驱动开关管 VT1 导通,电流经电阻器 R25 到地形成回路。同时高频变压器 T1 二次绕组产生感生电压,经 VD3、R12、C8 滤波取代启动电路为 U1 供电,而且为光电耦合器 U2 内的光敏三极管供电。

★ 4. 蓄电池主充电电路

变压器 T1 二次绕组的感生电压经二极管 VD4 整流、电容器 C10 滤波得到稳定的电压。此电压一路经 VD7（VD7 是防反接二极管,起到防止蓄电池的电流倒充入充电器的作用）作为充电主电源,给蓄电池充电。另一路经 R14、VD5、C9,为 LM358 四运算放大器及其外围电路提供 12V 工作电源。VD9 为 LM358 提供 5V 基准电压,该电压经电阻器 R16、R26、R4 分压后到 LM358 的第 2 脚和第 5 脚。

★ 5. 稳压控制电路

该充电器稳压控制电路由电源控制芯片 U1、光电耦合器 U2、三端误差放大器 U3 和误差取样电路构成。

★ 6. 充电状态指示电路

充电器正常充电时,取样电阻器 R27 上端有 0.15 ~ 0.18V 的电压。此电压经电阻器

R17 加到 LM358 第 3 脚，然后从 1 脚输出高电压，经过电阻器 R18，使三极管 VT2 导通，红灯发光二极管 VD6 点亮。另一路注入 LM358 的 6 脚，然后从 7 脚输出高电压，经电阻器 R22 后，使三极管 VT3 导通，红色发光二极管 VD10 点亮，表示充电器进入恒流充电阶段。

当蓄电池电压上升到 44.2V 左右时，充电器进入恒压充电阶段，输出电压维持在 44.2V 左右，此时充电电流逐渐减小。当充电电流减小到 200～300mA 时，电流取样电阻器 R27 上端的电压下降，LM358 的 3 脚电压低于 2 脚，从 1 脚输出低电压，三极管 VT2 关断，发光二极管 VD6 熄灭。同时 LM358 的 7 脚输出高电压，此电压一路使 VT3 导通，绿色发光二极管 VD10 点亮。另一路经二极管 VD8、RP21 到反馈电路，使充电电压降低，充电器进入涓流充电阶段。再浮充 1～2h 后充电结束。

二、UC3842 为电源控制芯片的充电器故障维修 ★★★

充电器常见的故障有三大类：①高压故障；②是低压故障；③高压、低压均有故障。

高压故障的主要现象是指示灯不亮，其特征有熔丝熔断，整流二极管 VD1 击穿，电容器 C11 鼓包或炸裂。VT1 击穿，R25 开路。U1 的 7 脚对地短路。R5 开路，U1 无启动电压。更换以上元器件即可修复。若 U1 的 7 脚有 11V 以上电压，8 脚有 5V 电压，说明 U1 基本正常。应重点检测 VT1 和 T1 的引脚是否有虚焊。若连续击穿 VT1，且 VT1 不发烫，一般是 VD2、C4 失效；若是 VT1 击穿且发烫，一般是低压部分有漏电或短路或 UC3842 的 6 脚输出脉冲波形不正常，VT1 的开关损耗和发热量增大，导致 VT1 过热烧毁。高压故障的其他现象有指示灯闪烁，输出电压偏低且不稳定，一般是 T1 的引脚有虚焊，或者 VD3、R12 开路，TL3842 及其外围电路无工作电源。另有一种少见的高压故障是输出电压偏高到 120V 以上，一般是 U2 失效，R13 开路所致或 U3 击穿使 U1 的 2 脚电压拉低，6 脚输出超宽脉冲。此时不能长时间通电，否则将严重烧毁低压电路。

低压故障大部分是充电器与蓄电池正负极接反，导致 R27 烧断，LM358 击穿。其现象是红灯一直亮，绿灯不亮，输出电压低，或者输出电压接近 0V，更换以上元器件即可修复。另外电位器 RP2 因损坏，输出电压漂移，若输出电压偏高，蓄电池会过充，严重失水，发烫，最终导致热失控，充爆蓄电池。若输出电压偏低，会导致蓄电池欠充。

高低压电路均有故障时，通电前应首先全面检测所有的二极管、三极管、光耦合器、场效应管、电解电容器、集成电路、R25、R5、R12、R27，尤其是 VD4（16A/60V，快恢复二极管）、C10（63V/470μF）。避免盲目通电使故障范围进一步扩大。有一部分充电器输出端具有防反接、防短路等特殊功能。其实就是输出端多加一个继电器，在反接、短路的情况下继电器不工作，充电器无电压输出。

★★★ 第四节　UC3843 + LM339 构成的充电器电路分析和故障维修 ★★★

一、充电器电路分析 ★★★

UC3843 + LM339 构成的充电器，由电源控制芯片 UC3843 和相关元器件构成功率变换电路，LM339 和相关元器件构成充电、显示部分电路。

UC3843 + LM339 构成的充电器电路原理图如图 5-13 所示。

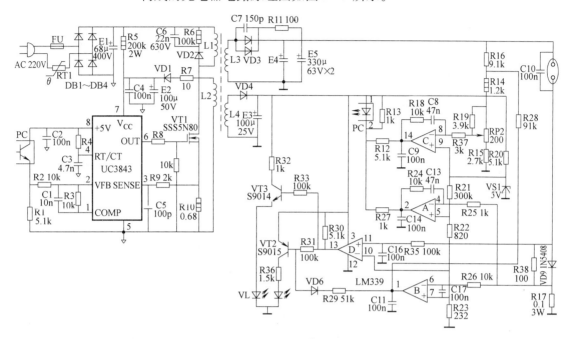

图 5-13　UC3843 + LM339 构成的充电器电路原理图

★ 1. 主要元器件功能介绍

该充电器以 UC3843 驱动场效应管和相关元器件构成功率交换器部分 U1。UC3843 为脉宽调制集成电路，其 5 脚为电源地，7 脚为电源正极，6 脚为脉冲输出，直接驱动场效应管 VT1（SSS 5N80），3 脚为最大电流限制，2 脚为电压反馈，4 脚外接振荡电阻器 R4 和振荡电容器 C3。FU 是电源熔丝管，RT1 是负温度系数压敏电阻器，DB1~DB4 是整流二极管，R17（3W/0.1Ω）是电流取样电阻器，光电耦合器 PC、四电压比较器 LM339 和相关元器件构成电压检测的控制部分，来实现三阶段充电方式。

★ 2. 市电整流滤波电路

当充电器插上市电 220V 后，该电压经熔丝管 FU 和负温度系数热敏电阻器 RT1 后，经过桥式整流二极管 DB1~DB4 整流，由电容器 E1 滤波形成 300V 左右的直流电压。

★ 3. 启动电路

300V 电压分两路，一路通过开关变压器的一次绕组 L1 加到开关管 VT1 的 D 极，为开关管供电，另一路经启动电阻器 R5（2W/200kΩ）后降压为 8.5V 电压，为 UC3843 的 7 脚供电，UC3843 开始工作。

★ 4. 功率变换电路

UC3843 供电后工作，它内部的基准电压发生器产生 5V 的电压，从 UC3843 的 8 脚输出。该电压不仅为光电耦合器 PC 内的光敏三极管供电，而且经电阻器 R4、电容器 C3 与 UC3843 4 脚内的振荡器，从 UC3843 的 6 脚输出，过电阻器 R8 驱动开关管 VT1 工作。VT1 工作在导通、截止状态下。VT1 导通时，开关变压器存储能量；VT1 截止时，开关变压器的二次绕组产生脉冲电压经整流滤波后，为后级负载供电。

开关变压器二次绕组 L2 输出的脉冲电压经电阻器 R7 限流、二极管 VD1 整流，电容器 E2 滤波产生直流电压，加到 UC3843 的 7 脚，取代启动电路为 UC3843 接着供电。

开关变压器二次绕组 L3 输出的脉冲电压经二极管 VD3 整流、电容器 E5 滤波产生的直流电压分为两路，一路为蓄电池充电，另一路为误差取样电路供电。

开关变压器二次绕组 L4 输出的脉冲电压经二极管 VD4 整流、电容器 E3 滤波产生的直流电压分为四路。一路为 LM339 供电；另一路加到光电耦合器 PC 的 1 脚为它内部的发光二极管供电；第三路过电阻器 R23 后加到 VT3 的 C 极，为指示灯电路供电；第四路经过限流电阻器 R20，在稳压管 VS1 两端产生 5V 的基准电压。5V 电压不仅为 LM339 的 5 脚提供基准电压，而且经过电阻器 R21、R22、R23 后，为 LM339 5 脚、7 脚、9 脚、10 脚提供参考电压。

★ 5. 充电状态指示电路

充电、显示控制电路由四电压比较器 LM339、取样电阻器 R17（3W/0.1Ω）和发光二极管 LED 构成。

开关变压器二次绕组 L3 输出的脉冲电压经二极管 VD3 整流、电容器 E5 滤波产生的直流电压为蓄电池充电。

蓄电池刚充电时，充电电流较大，取样电阻器 R17 和 VD9 两端产生的压降较大。该电压经过电阻器 R35 使 LM339 11 脚输入的电压高于 10 脚的电压，于是 LM339 的 13 脚输出高电平，该电压经过电阻 R33 使三极管 VT3 导通，三极管 E 极输出电压使 LED 内的红色发光二极管发光，表明充电器在恒流充电阶段。

随着被充蓄电池两端电压升高，充电电流逐渐减小，取样电阻器 R17 和 VD9 两端压降逐渐降低。使 LM339 11 脚电压大于 10 脚，13 输出低电平，一路使 VT3 截止，并使 LED 内红色发光二极管熄灭，表示恒流充电结束；另一路经过电阻器 R31 使 VT2 导通，LED 内的绿色发光二极管通电，使其发光，表明充电器进入恒压充电阶段。

★ 6. 稳压控制电路

稳压控制电路由电源主芯片 UC3843、光电耦合器 PC、电压比较器 LM339 和误差取样电路构成。

当由于某种原因引起开关电源输出电压下降时，滤波电容器 E3 两端的电压降低，光电耦合器 PC 1 脚输入的电压下降，此时 E4、E5 两端电压经 R16、R14、RP2、R19、R20 取样后，经过 R37 为 LM339 8 脚提供低于 5.1V 的取样电压，经过比较器 C 后使 LM339 14 脚输出电压升高，使光电耦合器 PC 的 2 脚电位升高，它内部的发光二极管导通电流减小而发光变弱，光敏三极管的导通程度下降，为 UC3843 2 脚提供的误差电压变小，使 UC3843 6 脚输出激励脉冲占空比增大，开关管 VT1 导通时间延长，开关变压器存储能量增大，使开关变压器输出电压升高到正常值，实现稳压控制。若开关电源输出电压升高时，控制过程相反。可调电阻器 RP2 可以改变开关电源输出电压的高低。

二、故障维修 ★★★

充电器无电压输出维修：

充电器无电压输出，应检查熔丝管 FU 是否损坏。

1）如果熔丝管损坏，UC3843 7 脚无启动电压。若无启动电压检查 R5、E2、C4 和 UC3843；若有启动电压检查 VD2 ~ VD4 是否损坏，然后检查 R10、R8、C3、R4、VT1 是否损坏，光电耦合器 PC 是否损坏。

2）熔丝管未损坏，检查滤波电容器 E1 是否损坏，检查二极管 DB1 ~ DB4 是否损坏，检查开关管 VT1 是否损坏，若 VT1 损坏应更换 VT1 并检查 RT1 是否损坏。

第六章

控制器电路分析和故障维修

本章导读：本章主要讲述电动车控制器结构和电路分析及故障维修。内容涉及控制器的作用和分类，控制器的参数和代换，以及控制器的结构和电路分析及故障维修。通过本章内容的学习和实践，读者可以掌握控制器的结构、电路原理和维修技术。

★★★ 第一节　控制器基本知识 ★★★

一、控制器的作用和功能 ★★★

★ 1. 控制器的作用

电动机速度控制器简称控制器，其作用是控制电动机转速，它与转把配合使电动自行车根据用户操作行驶。控制器可以对电动自行车的起动、行驶速度和停车进行控制。常见控制器外形如图6-1所示。

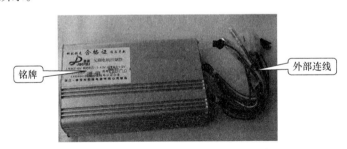

图6-1　常见控制器外形

★ 2. 控制器的主要功能

控制器主要有以下功能：

1）调速功能：电动自行车在行驶中，可根据用户对转把的操作，对其实现无级调速。

2）刹车断电功能：在电动自行车上安装有左右刹把，当刹车时，控制器根据刹车信号自动切断电动机的电源，从而保护电动机。

3）蓄电池欠电压保护：当单只12V蓄电池电压降至欠电压保护值10.5V时，电动机便断电不工作,从而保护蓄电池。

4)过电流保护功能:电流超限对电动机和控制器内的电子元器件都可能造成损坏。所以在控制器内设计有过电流保护电路。由于某种原因当电流超过一定值时,能自动限制电流的输出,从而保护电动机和控制器。

5)限速保护功能:当电动自行车速度超过设定值时,控制器将切断蓄电池与电动机的电流,从而使电动自行车减速;当车速低于设定值时,又继续供电。电动自行车被限制在设定值以内运行,从而保证行车安全。

6)反充电功能:当电动机空转时,通过控制器对蓄电池进行充电。

7)智能语音功能:现在市场上部分控制器采用计算机芯片,通过喇叭发出电动自行车的使用和操作信息。

二、控制器的命名 ★★★

国际上对电动车用控制器的标准命名方式如下:

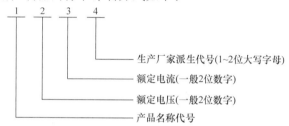

产品名称代号:
1) ZK——有刷电动机用普通型驱动控制器。
2) ZKC——有刷电动机用智能型驱动控制器。
3) WZK——无刷电动机用普通型驱动控制器。
4) WZKC——无刷电动机用智能型驱动控制器。

举例说明:
1) ZK36V6A 普通有刷控制器,额定电压 36V,额定电流 6A,厂家 A 类产品。
2) ZKC36V6B 智能有刷控制器,额定电压 36V,额定电流 6A,厂家 B 类产品。
3) WZKC36V6C 智能无刷控制器,额定电压 36V,额定电流 6A,厂家 C 类产品。

★★★ 第二节 控制器的分类和结构原理 ★★★

一、控制器的分类 ★★★

控制器按对电动机的驱动进行分类,有两大类:有刷控制器和无刷控制器。有刷控制器驱动有刷电动机,无刷控制器驱动无刷电动机。

有刷控制器外形如图 6-2 所示,无刷控制器外形如图 6-3 所示。

二、有刷控制器的结构及工作原理 ★★★

目前,电动机速度控制普遍采用的是电压调速方法。这是一种成熟的电动机控制技术,现在所有电动车的控制器都采用此项技术。

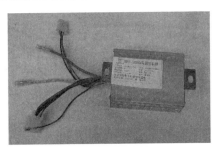

图 6-2 有刷控制器外形

图 6-3 无刷控制器外形

另外，电动自行车用控制器，不管有刷、无刷，普遍采用 PWM（脉宽调制）调速方式。现在大多采用集成电路组成的脉宽调制器，常用集成块有 TL494 等。用 PWM 这种方式直流调压或直流调速能量利用率较高。

不管是有刷和无刷控制器，其内部电路必须要有 PWM 发生器电路，以及电源电路、功率器件、功率器件驱动电路、控制器件驱动电路、控制部件（转把、闸把、电动机霍尔元件）、信号采集单元与处理电路及过电流与欠电压保护电路等。

有刷控制器原理框图如图 6-4 所示。

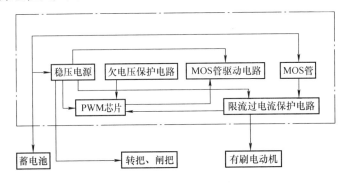

图 6-4 有刷控制器原理框图

有刷控制器的工作原理如下:

1) 有刷控制器内部稳压电源提供控制器内部电子元器件的工作电压。

2) PWM 芯片根据转把的输入电压,输出相应脉冲宽度的方波给 MOS 管驱动电路。

3) MOS 管驱动电路将 PWM 信号整形后提供给 MOS 管。MOS 管是大电流开关器件,其导通时间与关断时间受 PWM 信号的控制。

4) 欠电压保护电路在蓄电池电压降低到控制器设定值以下时,停止 PWM 芯片信号的输出,以保护蓄电池不至于在低电压情况下放电。

5) 限流保护(或过电流保护)电路是对控制器输出的最大电流进行限制,以保护蓄电池、控制器、电动机等不会出现允许范围以上的大电流。

有刷控制器内部实物结构如图 6-5 所示。

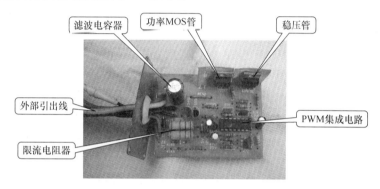

图 6-5 有刷控制器内部实物结构

三、无刷控制器的结构及工作原理 ★★★

无刷控制器原理框图如图 6-6 所示。

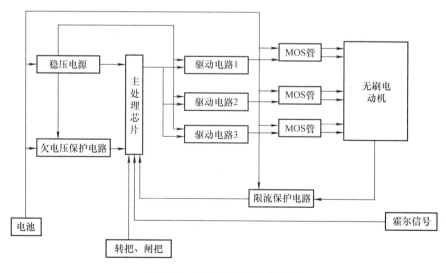

图 6-6 无刷控制器原理框图

无刷控制器工作原理如下:

1) 无刷控制器内部稳压电源提供了控制器内部电子元器件的工作电压。

2) 主处理芯片 PWM,根据无刷电动机的霍尔信号对上三路和下三路的 MOS 管驱动电路给出有选择性的打开与关闭信号,以完成对电动机的换相。同时,根据转把的输入电压大小,将相应脉冲宽度的载波信号,与下三路 MOS 管导通信号混合,以达到控制电动机速度的目的。

3) MOS 管驱动电路将 PWM 信号整形放大,提供给 MOS 管。另外,对与上三路的三个 MOS 管来说,它们的驱动电压要求高于蓄电池供电电压,因此,MOS 管驱动电路还要具有升压功能,将上三路的 MOS 管导通信号变成高于蓄电池电压的超高方波信号。MOS 管是大电流开关器件,其导通时间与关断时间受导通信号与 PWM 信号合成的混合信号控制。

4) 欠电压保护电路在蓄电池电压降低到控制器设定值以下时,停止 PWM 芯片信号输出,以保护蓄电池不至于在低电压的情况下放电。

5) 限流保护(或过电流保护)电路是对控制器输出的最大电流进行限制,以保护电池、控制器、电动机等不会出现允许范围以上的大电流。

无刷控制器内部实物结构如图 6-7 所示。

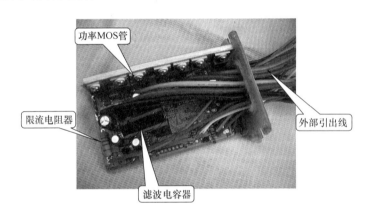

图 6-7 无刷控制器内部实物结构

★★★ 第三节 控制器电路分析 ★★★

一、有刷控制器电路分析 ★★★

在有刷控制器中主芯片以 TL494 为核心的控制器拥有量较多,下面对其电路进行分析。TL494 构成的有刷控制器电路原理图如图 6-8 所示。

★ 1. 控制器电源供电电路

当用户打开电源锁后,36V 蓄电池组电压的第一路加到电动机上为它供电;第二路通过取样电路 R6、RP3 为蓄电池欠电压保护电路提供信号电压;第三路通过电解电容器 E1 滤波,再通过三端受控稳压器 LM317(IC2)稳压输出 12V 电压。该电压经电容器 C1 滤波后

第六章 控制器电路分析和故障维修

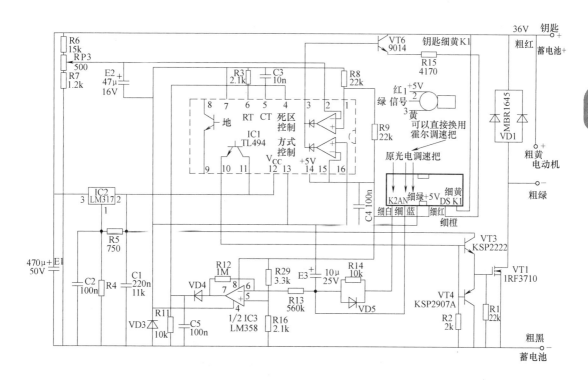

图 6-8 TL494 构成的有刷控制器电路原理图

第一路加到 IC1（TL494）的 11、12 脚为其内部电路供电。第二路为 IC1 的 16 脚提供参考电压；第三路为 LM358（IC3）8 脚供电；第四路过电阻器 R9（22kΩ）后为 IC1 1 脚提供参考电压。

IC1 供电后开始工作，它内部的基准电源产生 5V 电压，该电压一方面为其内部电路供电，另一路从它的 14 脚输出 5V 电压为转把内霍尔元件供电。

★ 2. 激励脉冲产生电路

IC1 启动工作后，它的 5 脚、6 脚外接的定时元件 C3、R3 通过振荡产生锯齿波脉冲电压。该电压作为触发信号，控制 PWM 比较器产生矩形激励脉冲，通过驱动电路放大后从 IC1 的 10 脚输出。

★ 3. 有刷电动机机驱动电路

当 IC1 10 脚输出的激励脉冲为高电平时，VT4（KSP2907A）截止、VT3（KSP2222）导通，由 VT3 的 E 极输出的电压驱动 VT1（IRF3710）导通。VT1 导通后，来自蓄电池组的电压通过电动机绕组、VT1 的 D/S 极、地构成回路，回路中的电流使电动机绕组产生磁场，驱动电动机旋转。当激励脉冲为低电平时，VT3 截止、VT4 导通。VT4 导通后，使 VT1 截止。VT1 截止后，流过电动机绕组的导通电流消失，使绕组产生反相的电动势。该电动势通过泄放二极管 VD1 泄放到蓄电池，不仅避免了 VT1 过电压损坏，而且为蓄电池补充了一定的能量。

★ 4. 电动机调速电路

当用户转动转把时，转把信号 AN 端子输入的电压由低到高（1~4.2V 变化）时，通过 R13 使 IC3 的反相输入端 6 脚电位逐渐升高，IC3 的 7 脚输出电压下降，通过 VD4 为 IC1 的 4 脚提供的电压减小，死区控制器对 PWM 控制减弱，使 IC1 10 脚输出的激励脉冲的占空比增大，经 VT3、VT4 推挽放大后使 VT1 导通时间延长，流过电动机绕组的电流增大，电动机的转速加快。当转把松开时后，过程相反，车速变慢。

★ 5. 蓄电池欠电压保护电路

蓄电池欠电压保护电路的作用是避免蓄电池过放电，所以控制器内均设计有蓄电池欠电压保护电路。

蓄电池的电压通过 R6、R7、RP3 取样后，加到 IC1 的 2 脚，为误差放大器的反相输入端提供取样电压，同时 IC1 的 14 脚输出的 5V 基准电压经 R29、R8 取样后加到 IC1 的 1 脚，为误差放大器的同相输入端提供参考电压。

蓄电池刚充满电时，蓄电池两端电压较高，经取样后使 IC1 的 2 脚电位高于 1 脚电位，使误差放大器输出端为低电平，此时 PWM 电路工作，IC1 正常工作，控制器可为电动机提供正常的驱动电压。随着蓄电池放电电压下降，当电压低于 31.5V（36V 蓄电池组），取样后使 IC1 的 2 脚电位低于 1 脚电位，误差放大器输出高电平。该电压一路使 PWM 电路不能输出激励脉冲电压，IC1 的 10 脚输出的电压变为低电平，使 VT3 截止、VT4 导通，致使 VT1 截止，实现了蓄电池欠电压保护；另一路从 IC1 的 3 脚输出后使 VT6 导通，由它 E 极输出的电压通过 R15 限流后，为仪表盘上蓄电池欠电压指示灯供电使其发光，表明进入欠电压保护状态，提醒用户及时为蓄电池补电。可调电阻器 RP3 可以调整蓄电池欠电压保护电路动作的起控点。

★ 6. 断电刹车电路

当用户刹车时，刹车开关导通，其输出电压从 5V 到 0V，刹车为低电平。该电压输入到控制器内后，再通过端子 K2 和 VD5、R13 使 IC3 的 6 脚为低电平，于是 IC3 的 7 脚输出高电平。该电压加到 IC1 的 4 脚后，4 脚为高电平，4 脚内死区控制器控制 PWM 电路不能输出 PWM 脉冲，导致 IC1 的 10 脚始终输出低电平电压，VT3 截止、VT4 导通，场效应管 VT1 截止，电动机停止转动，实现断电刹车功能。

二、无刷控制器电路分析 ★★★

无刷控制器中主芯片以 MC33035P 为核心的无刷控制器拥有量较大，下面对其电路进行分析。以 MC33035P 为核心的无刷控制器电路原理图如图 6-9 所示。

★ 1. 控制器供电电路

蓄电池组电压经电容器 C4 滤波后经 R1（190Ω/3W）限流，再经 C2、C3 滤波后加到三端稳压器 IC2（7812）的输入 1 脚，从 3 脚输出的 +12V 稳定电压经 C1 滤波后供给 IC1（MC33035P）、IC3、IC4、IC5 作为工作电压；+12V 电压再由 R19（390Ω）限流、VD4 稳压、C13 滤波得到 +6V 电压，为 IC6、调速转把内的霍尔元件和电动机的霍尔元件供电。

第六章 控制器电路分析和故障维修

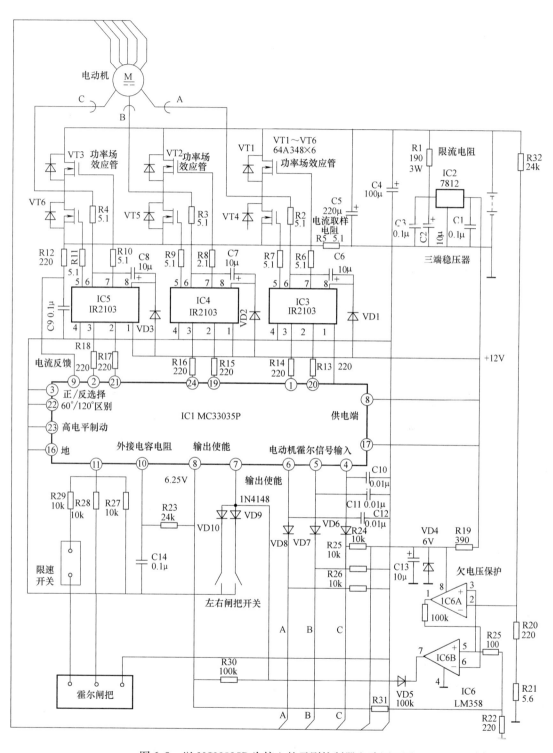

图 6-9 以 MC33035P 为核心的无刷控制器电路原理图

★ 2. PWM 脉冲产生电路

IC1 的 17 脚、18 脚得到 +12V 电压后，IC1 开始工作，其内部产生的 +6.25V 基准电压由 8 脚输出。IC1 内部的振荡器同其 10 脚外接的定时元件 C14、R23 开始振荡，产生锯齿波脉冲信号。经 PWM 处理器处理后由 IC1 的 1 脚、2 脚、24 脚输出低端激励脉冲信号，由 IC1 的 19 脚、20 脚、21 脚输出高端激励脉冲信号。

★ 3. 无刷电动机驱动电路

无刷电动机驱动电路由 IC3、IC4、IC5 三只 IR2103 芯片和六只大功率场效应管 VT1~VT6（65A348）等器件组成。

IC1 的 1 脚、2 脚、24 脚和 19~21 脚轮流输出高低端激励脉冲，经 IC2、IC3、IC4 放大后驱动 VT1~VT6 场效应管轮流导通，在电动机的三相绕组中产生不断变化的电流，电动机开始旋转。

★ 4. 无刷电动机换相控制电路

无刷电动机内部的霍尔元件产生位置传感器信号，通过 VD6、VD7、VD8 反馈到 IC1 的 4、5、6 脚。IC1 内部的转子位置解码器对 4、5、6 脚输入的位置传感信号进行解码，控制 IC1 的 1 脚、2 脚、24 脚和 19~21 脚轮流输出对应的高低端激励脉冲，通过 IC3、IC4、IC5 驱动 VT1~VT6 轮流导通，实现电动机换相控制。电阻器 R24、R25、R26 为霍尔元件提供偏置电压，电容器 C10、C11、C12 用来消除干扰脉冲。

★ 5. 无刷电动机调速电路

在用户转动调速转把时，调速转把输出 1~4.2V 控制电压。该电压经 R28 使 IC1 的 11 脚电压随之升高，从而使 IC1 内部的 PWM 处理器产生 PWM 激励脉冲信号占比加大。IC1 的 1 脚、2 脚、24 脚及 19~21 脚输出的高低端激励脉冲占空比加大，通过 VT1~VT6 的导通时间延长，电动机的转速越高。反之，电动机的转速随之降低。

★ 6. 限速控制电路

限速开关一端通过 R29 接到 IC1 的 11 脚，另一端接地。当限速开关接通时，IC1 的 11 脚电压通过 R29 和限速开关接地，电压被锁定在一定范围内，电动机只能在一定的转速内旋转，从而实现了限速的目的。

★ 7. 刹车断电电路

正常工作时 IC1 的 8 脚通过 R30 向 7 脚提供高电平，当左、右闸把闭合时，闸把开关导通，IC1 的 7 脚通过 VD9 或 VD10 和闸把开关接地。IC1 的 7 脚电压由高变低，IC1 停止输出激励脉冲信号，场效应管 VT1~VT6 截止，使电动机停止转动，实现刹车断电的功能。

★ 8. 蓄电池欠电压保护电路

蓄电池组电压由 R20、R21、R32 分压后加到 IC6 的反相输入 2 脚，IC1 的 8 脚输出的 6.25V 基准电压经过 R31 和 R22 分压后由 R25 加到 IC6 的同相输入 3 脚和 5 脚作为比较电压。当蓄电池放电到终止电压时，IC6 的 2 脚电压低于 3 脚比较电压，IC6 的 1 脚输出高电平。这时 IC6 的 6 脚电压高于 5 脚比较电压，IC6 的 7 脚输出低电平。VD5 导通使 IC1 7 脚变为低电平，控制 IC1 关闭激励脉冲信号输出，场效应管 VT1~VT6 截止，使电动机停止转动，实现蓄电池过放电保护。

★ 9. 过电流保护电路

当电动自行车正常工作时，电流取样电阻器 R5 两端产生的压降较低。IC1 的 9 脚电压达不到过电流检测电路的阈值，控制器正常工作。当电动机由某种原因（例如短路）电流较大时，电流经过 R5 加到 IC1 的 9 脚，当 IC1 的 9 脚电流增大时，当 IC1 的脉冲输出脚不再输出，场效应管 VT1～VT6 截止，电动机停止转动，起过电流保护作用。

★★★ 第四节　控制器与外部电路的接线和故障维修 ★★★

一、有刷控制器与外部电路的接线 ★★★

扫一扫看视频

有刷控制器的引出线一般有 9 根，分别是电源供电线 2 根——红色电源正极引线，黑色电源负极引出线；转把 3 根引出线——红色转把 5V 供电，黑色转把地线，绿色转把信号线；刹把 2 根引出线——红线刹把进线，黑色转把输出线；电动机 2 根引出线——黄色 A 相电动机相线，黄色 B 相电动机相线。智能型有刷控制器还有 3 根助力传感器引线。

有刷控制器与外部电路接线如图 6-10 所示。

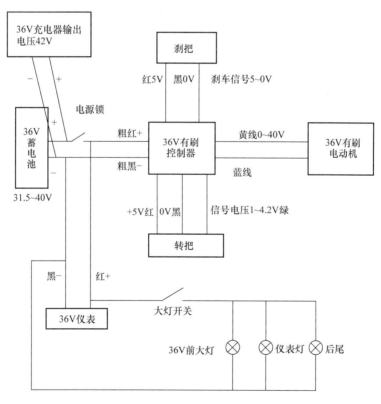

图 6-10　有刷控制器与外部电路接线

有刷电动自行车工作过程如下：

当用户打开电源锁后，仪表上得到供电，电源指示灯亮，显示蓄电池电量。同时控制器也得到供电。此时，电动机不转，但是控制器输出5V电压给转把内的霍尔元件供电。

当用户旋转转把时，转把信号线输出1~4.2V电压，此电压传递给控制器，控制器的电动机引线输出0~40V由低到高的的直流电压给电动机线圈，电动机开始由慢到快旋转。

当用户手捏刹把时，控制器得到5~0V（低电平刹车）的刹车信号电压，断开电动机供电，电动机停止运转，起刹车断电作用。

二、有刷控制器的故障维修 ★★★

1）打开电源锁开关，观察仪表上的电源指示灯是否亮（或指针是否有电量指示），如果不亮，应检查蓄电池和电源锁；如果仪表上电源指示灯亮，断开刹把两条引线，转动转把试车，如果电动机旋转，说明刹把损坏，更换新刹把。观察仪表上的电源指示灯如图6-11所示。

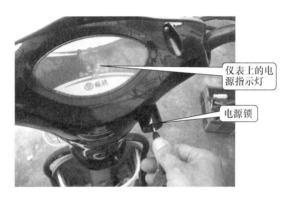

图6-11 观察仪表上的电源指示灯

2）将万用表置于DC 200V档，测量控制器的供电线是否有与蓄电池组一致的电压。如果没有电压，应检查电源锁和控制器红色供电线上的熔丝管。如果有电压，说明控制器已经供电。

3）控制器有供电后，测量控制器的5V输出（即转把的5V供电），如果无5V电压，说明控制器的5V输出损坏，应更换控制器。测量控制器5V输出如图6-12所示。

图6-12 测量控制器5V输出

4）如果转把5V供电正常，转动转把，测量转把的信号线与地线之间应有1~4.2V电

第六章 控制器电路分析和故障维修

压变化,如果无电压变化,则说明转把损坏,应更换新转把。对于转把损坏造成的控制器无输出的故障,可用导线直接短接转把的电源线与信号线检测,如果电动机高速运转,说明转把损坏。测量转把信号线电压如图 6-13 所示。

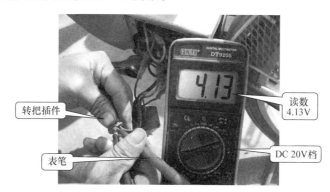

图 6-13 测量转把信号线电压

5) 如果测量转把输出电压正常,转动转把测量控制器与电动机的两条引线应有 0~40V 电压变化(36V 车),如图 6-14 所示。如果控制器无电压输出说明控制器损坏,应更换同型号的控制器。

图 6-14 测量有刷控制器输出电压

三、无刷控制器与外部电路的接线 ★★★

★ 1. 无刷控制器与外部电路接线(见图 6-15)

无刷电动自行车工作过程如下:

1) 当用户打开电源锁后,仪表上得到供电,电源指示灯亮,显示蓄电池电量。同时控制器也得到供电。此时,电动机不转,但是控制器输出 5V 电压给转把内的霍尔元件供电,同时输出 5V 电压给电动机内的霍尔元件供电。

2) 当用户旋转转把时,转把信号线输出 1~4.2V 电压,此电压传递给控制器,控制器的零起动功能使电动机起动,电动机起动后,其内部磁钢转动,使霍尔传感器产生对应的位置信号,霍尔元件输出 0~5V 的开关信号电压,此信号传递给控制器,控制的三相引线输出 0~38V 由低到高的交流电压,此电压传给电动机线圈,电动机开始由慢到快旋转。

扫一扫看视频

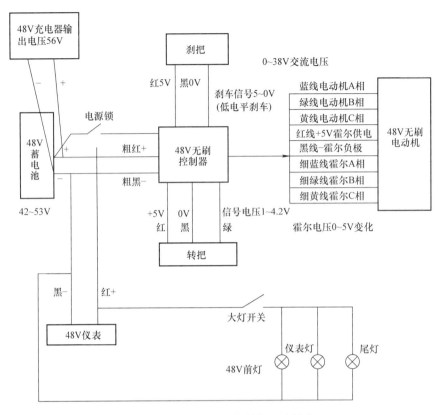

图 6-15 无刷控制器与外部电路接线

3）当用户手捏刹把时，控制器得到 5～0V（低电平刹车）的刹车信号电压，断开电动机供电，电动机停止运转，起到刹车断电作用。

★ 2. 48V/350W 万能无刷控制器接线和调试方法

48V/350W 万能无刷控制器接线图如图 6-16 所示。

万能无刷控制器接线调试方法：

1）先连接调试线：其他线全部接好，电源线不能接反，然后打开电源开关。

2）电动机向所需的方向转动（无需转动转把），出现电动机转速慢现象再断开调试线。

3）若工作不正常，请关掉电源线重新打开，重复以上操作，注意电动机正常后，必须断开调试线。

四、无刷控制器的故障维修 ★★★

扫一扫看视频

1）打开电源锁开关，观察仪表上的电量指针是否有电量指示，如图 6-17 所示。如果没电，应检查蓄电池和电源锁；如果有电，拔掉左右刹把两芯插件，旋转转把试车，如果电动机旋转，说明刹把损坏，应更换新刹把。

2）将万用表置于 DC 200V 档，测量控制器的供电线是否有蓄电池电压。如果没有电压，应检查蓄电池、电源锁和控制器红色供电线的熔丝管；如果有电压，说明控制器已经供电。测量无刷控制器的供电线电压如图 6-18 所示。

第六章 控制器电路分析和故障维修

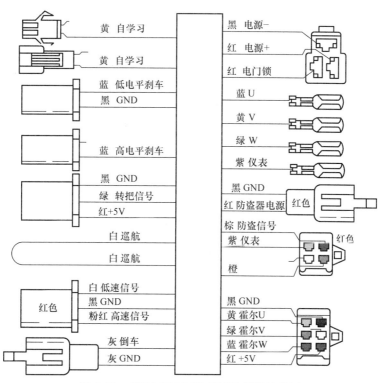

图 6-16 48V/350W 万能无刷控制器接线图

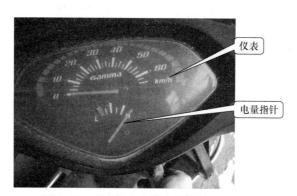

图 6-17 观察仪表上的电量指针

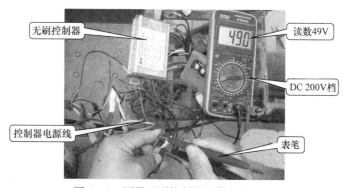

图 6-18 测量无刷控制器的供电线电压

3）测量控制器输出的转把和霍尔5V供电，如果无5V电压，说明控制器的5V输出损坏，应更换控制器。测量控制器5V输出如图6-19所示。

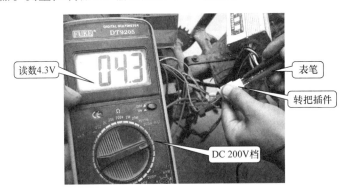

图 6-19　测量控制器5V输出

4）如果转把5V供电正常，转动转把，测量转把的信号线与地线之间应有1～4.2V电压变化，如果无电压变化说明转把损坏，应更换新转把。对于转把损坏造成的控制器无输出的故障，可用导线直接短接转把的电源线与信号线进行检测，如果电动机高速运转，说明转把损坏。测量转把信号线电压如图6-20所示。

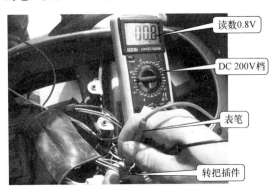

图 6-20　测量转把信号线电压

5）如果转把正常，下一步要检测电动机霍尔元件的好坏。因为电动机霍尔元件损坏，所以控制器也无输出电压。

6）打开电源锁，将万用表置于DC 20V档，先检测霍尔元件的红、黑线是否有5V供电，然后用手慢慢地转动电动机，用红、黑表笔分别接霍尔元件的蓝、绿、黄信号线与地线，电压应在0～5V之间变化，说明霍尔元件正常，否则霍尔元件损坏，应更换电动机霍尔元件。电动机霍尔元件的检测如图6-21所示。

7）在转把和霍尔元件正常的情况下，将万用表置于AC 200V档，转动转把测量控制器与电动机的蓝、绿、黄3根引线的任两条引线，应有0～38V由低到高的交流电压（48V车）；如果无交流电压输出，说明控制器损坏，应更换同型号新的控制器，如图6-22所示。

第六章 控制器电路分析和故障维修

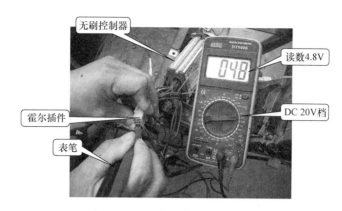

图 6-21 电动机霍尔元件的检测

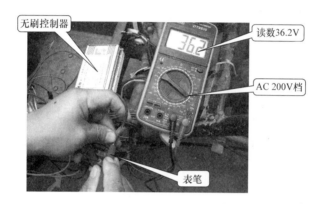

图 6-22 测量无刷控制器输出交流电压

五、控制器代换原则 ★★★

在代换控制器时要先查看原电动自行车控制器型号,弄清原车控制器是有刷控制器还是无刷控制器及控制器额定电压是多少。弄清这些参数就可以使用同型号的控制器代换。

第七章

充电器、控制器故障的维修方法和实例

本章导读：本章主要讲述充电器、控制器故障维修方法和实例。内容涉及充电器、控制器的电路图识读技巧，维修时的识图方法和注意事项，以及电气故障常用维修步骤和方法，最后还介绍了充电器、控制器故障维修实例。通过本章内容的学习和实践，读者可以掌握充电器、控制器的电路图识读技巧和维修方法。

★★★ 第一节　电路图识读技巧和维修方法 ★★★

一、电路图识读技巧 ★★★

★ 1. 整机电路图特点

1）整机电路图包括了整个机器的所有电路。

2）不同型号的机器其整机电路中的单元电路变化是十分复杂多样的，这给识图造成了不少困难，要求有较全面的电路知识。同类型的机器其整机电路图有其相似之处，不同类型机器之间则相差很大。

3）各部分单元电路在整机电路图中的画法有一定规律，了解这些规律对识图是有益的，其分布规律一般情况是：电源电路画在整机电路图右下方；信号源电路画在整机电路图的左侧；负载电路画在整机电路图的右侧；各级放大器电路是从左向右排列的；各单元电路中的元器件相对集中在一起。

★ 2. 整机电路图识读技巧

1）整机电路图表明整个机器的电路结构、各单元电路的具体形式和它们之间的连接方式，从而表达了整机电路的工作原理，这是电路图中最复杂的一张电路图。

2）整机电路图给出了电路中各元器件的具体参数，如型号、标称值和其他一些重要数据，为检测和更换元器件提供了依据。例如，更换某个电子元件时，查阅图中的电子元件型号标注就可知道其具体参数。

3）许多整机电路图中还给出了有关测试点的直流工作电压，为检修电路故障提供了方便，例如集成电路各引脚上的直流电压标注，三极管各电极上的直流电压标注等，都为检修

第七章 充电器、控制器故障的维修方法和实例

这些部分电路提供了方便。

4) 整机电路图给出了与识图相关的有用信息。例如，通过各开关件的名称和图中开关所在位置的标注，可以知道该开关的作用和当前开关状态；当整机电路图分为多张图纸时，引线接插件的标注能够方便地将各张图纸之间的电路连接起来。一些整机电路图中，将各开关件的标注集中在一起，标注在图纸的某处，标有开关的功能说明，识图中若对某个开关不了解时可以去查阅这部分说明。

★ 3. 整机电路图识图方法和注意事项

1) 对整机电路图的分析重点是：各部分单元电路在整机电路图中的具体位置；单元电路的类型；直流工作电压供给电路分析；交流信号传输分析；对一些单元电路的工作原理进行重点分析。

2) 对于分成几张图纸的整机电路图可以一张一张地进行识读，如果需要进行整个信号传输系统的分析，则要将各图纸连起来进行分析。

3) 对整机电路图的识读，可以在学习了一种功能的单元电路之后，分别在几张整机电路图中去找到这一功能的单元电路，进行分析，由于在整机电路图中的单元电路变化多，且电路的画法受其他电路的影响而与单个画出的单元电路不一定相同，所以加大了识图的难度。

4) 一般情况下，信号传输的方向是从整机电路图的左侧向右侧。

5) 直流工作电压供给电路的识图方向是从右向左进行，对某一级放大电路的直流电路识图方向是从上而下。

6) 分析整机电路过程中，若对某个单元电路的分析有困难，例如对某型号集成电路应用电路的分析有困难，可以查找这一型号集成电路的识图资料（例如内部电路框图、各引脚作用等），以帮助识图。

7) 一些整机电路图中会有许多英文标注，能够了解这些英文标注的含义，对识图是相当有利的。在某型号集成电路附近标出的英文说明就是该集成电路的标注。

★ 4. 维修识图方法和注意事项

1) 在整机电路图中建立检修思路，根据故障现象，判断故障可能发生在哪部分电路中，确定下一步的检修步骤（是测量电压还是电流，在电路中的哪一点测量）。

2) 根据测量得到的有关数据，在整机电路图的某一个局部单元电路中对相关元器件进行故障分析，以判断是哪个元器件出现了开路或短路、性能变劣故障，导致了所测得的数据发生异常。例如，初步检查发现功率放大电路出现了故障，可找出功放电路图进行具体分析。

3) 查阅所要检修的某一部分电路图，了解这部分电路的工作，如信号是从哪里来，到哪里去。

4) 查阅整机电路图中某一点的直流电压数据。

★ 5. 修理时识图的注意事项

1) 修理识图是针对性很强的电路分析，是带着问题对局部电路的识读，识图的范围不广，但要有一定深度，还要会联系故障的实际。在修理识图中，无需对整机电路图中的各部

分电路进行全面的分析。

2) 修理识图重点是根据故障现象和所测得的数据决定分析哪部分电路。例如：根据故障现象决定分析哪部分电路，根据所测得的有关数据决定分析直流电路还是交流电路。

3) 测量电路中的直流电压时，主要是分析直流电压供给电路；在进行电路故障分析时，主要是对某一个单元电路进行工作原理的分析。

4) 修理识图的基础是十分清楚电路的工作原理，不能做到这一点就无法进行正确的修理识图。

二、电气故障维修方法 ★★★

★ 1. 观察法

（1）直观观察法

通过"问、看、听、摸、闻"来发现异常情况，从而找出故障电路和故障所在部位。

1) 问：向电动自行车用户了解故障发生前后的情况。例如故障发生前是否过载、频繁起动和停止；故障发生时是否有异常声音，有没有冒烟、冒火等现象。

2) 看：仔细察看各种电器元件的外观变化情况。例如看触点是否烧融、氧化，熔断器熔体是否熔断，仪表上指示器是否正常，空气开关是否脱落，导线和插件是否烧焦、松动。

3) 听：主要听有关电器在故障发生前后声音有无差异。例如听电动机起动时是否只"嗡嗡"响而不转；接触器线圈得电后是否噪声很大等。

4) 摸：故障发生后，断开电源，用手触摸或轻轻推拉导线及电器的某些部位，以察觉异常变化。例如摸电动机、控制器；轻拉导线，看连接是否松动。

5) 闻：故障出现后，断开电源，将鼻子靠近电动机、控制器、继电器、接触器、绝缘导线等处，闻闻是否有焦味。如果有焦味，则表明电器绝缘层已被烧坏，主要原因则是过载、短路或电流过大等故障所造成。

（2）运行状态观察法

发生故障时，根据电气设备所处的状态进行分析的方法，称为状态观察法。电气的设备运行过程总可以分解成若干个连续的阶段，这些阶段也可称为状态。任何电气设备都处在一定的状态下工作，例如电动机工作过程可以分解成起动、运转、制动停止等工作状态。电气故障总是发生于某一状态，而在这一状态中，各种元器件又处于什么状态，这正是分析故障的重要依据。例如电动机起动时，哪些元器件工作，哪些触点闭合等，因而维修电动机起动故障时只需注意这些元器件的工作状态。

★ 2. 测电阻法

测量电阻是电气维修常用的方法之一。它主要是测量电路和元器件的对地电阻值和测量元器件本身的电阻值。这就可以很容易地判定故障的所在。

★ 3. 测电压法

测量电压是维修电动自行车的最基本的检修方法之一。在维修中经常用到，它主要是测量电路或元器件的工作电压，以此来对故障部位和故障部件进行判定。

测电压法是用万用表电压档检查电压有无或大小，然后再与正常状态下所测数值进行比

第七章 充电器、控制器故障的维修方法和实例

较,以此来判断该电路的工作是否正常。

测量电压又可分为测量交流电压和测量直流电压两种。测交流电压就是用万用表的交流电压档来测量电源的交流电压值。例如,用万用表交流电压档测量充电器的电源输入端是否有220V交流电压;用直流电压档测量充电器的直流电压输出端电压是否正常。

★ 4. 测量电流法

测量电流法也是检修电动自行车的常用方法。例如,对电动自行车电动机空载电流的测量,如果和正常值相比变化很大,则说明电动机有问题,就可对症下药,对其重点检查。也可用测量电流法判断充电器直流输出电流是否正常。

★ 5. 振动法

振动法是维修充电器、控制器接触不良和虚焊很有效的方法之一,当电路板有虚焊和接触不良时,用绝缘体,例如木棍或橡胶棍,在加电或不加电的情况下,对有可能出问题的部位,进行敲打和按压,就很容易地发现虚焊和接触不良等故障。对电动机电刷的检修也常用敲击法。

★ 6. 温度法

温度法就是用手直接去摸(应注意安全)被怀疑的元器件,根据温度的异常变化来发现问题,可很快地判断问题所在。有一定维修经验后,用这种方法可快速检查电动机和控制器是否工作正常。一般不工作时,电动机和控制器是没有温度的,工作时一般用手摸有温感而不烫手。

★ 7. 代换法

代换法是电动自行车充电器、控制器维修中经常使用而又行之有效的方法。代换法是怀疑某个部件而又不易测试其性能好坏时用新的部件代换的方法。例如,对充电器、控制器电路板上的元器件采用代换法,是否损坏,一换便知。

三、电气故障维修步骤 ★★★

1)观察和调查故障现象。电气故障现象是多种多样的。例如,同一类故障可能有不同的故障现象,不同类故障可能有同样的故障现象,这种故障现象的同一性和多样性,给查找故障带来复杂性。但是,故障现象是检修电气故障的基本依据,是电气故障检修的起点,因而要对故障现象进行仔细观察、分析,找出故障现象中最主要的、最典型的方面,搞清故障发生的时间、地点、环境等。

2)分析故障原因。初步确定故障范围、缩小故障部位:根据故障现象分析故障原因是电气故障检修的关键。分析的基础是电动自行车电气原理,是对电动自行车的构造、原理、性能的充分理解,是基本理论与故障实际的结合。某一电气故障产生的原因可能很多,重要的是在众多原因中找出最主要的原因。

3)确定故障的部位,判断故障点。确定故障部位是电气故障检修的最终归纳和结果。确定故障部位可理解成确定故障点,如短路点、损坏的元器件等,也可理解成确定某些运行参数的变化,如电压波动等。确定故障部位是在对故障现象进行仔细的观察和细致分析的基础上进行的。在这一过程中,往往要采用多种手段和方法。

4）检测到故障部位后，对损坏的部件进行更换，即可排除故障。

在完成上述工作过程中，实践经验的积累起着重要的作用。

四、电气故障维修技巧 ★★★

1）熟悉电路原理，确定检修方案。当一辆电动自行车的电气系统发生故障时，不要急于动手拆卸，首先要了解该车产生故障的现象、经过、范围、原因。熟悉该车及电气系统的基本工作原理，分析各个具体电路。弄清电路中各级之间的相互联系以及信号在电路中的来龙去脉，结合实际经验，经过周密思考，确定一个科学的检修方案。

2）先机械，后电路。电气设备都以电气和机械原理为基础，特别是机电一体化的电动自行车，机械和电子在功能上有机配合，是一个整体的两个部分。往往机械部件出现故障，会影响电气系统，许多电气部件的功能就不起作用。因此不要被表面现象迷惑，电气系统出现故障并不全部都是电气本身的问题，有可能是机械部件发生故障所造成的。因此先检修机械系统所产生的故障，再排除电气部分的故障，往往会收到事半功倍的效果。

3）先简单，后复杂。检修故障要先用最简单易行、自己最拿手的方法去处理，再用复杂、精确的方法。排除故障时，先排除直观、显而易见、简单常见的故障，后排除难度较高、没有处理过的疑难故障。

4）先检修通病、后攻疑难杂症。电气设备经常容易产生相同类型的故障，就是"通病"。由于通病比较常见，积累的经验较丰富，因此可快速排除。这样就可以集中精力和时间排除比较少见、难度高、古怪的疑难杂症，简化步骤，缩小范围，提高检修速度。

5）先外部调试，后内部处理。外部是指暴露在电气设备外壳或密封件外部的各种开关、按钮、插口及指示灯。内部是指在电气设备外壳或密封件内部的印制电路板、元器件及各种连接导线。先外部调试，后内部处理，就是在不拆卸电气设备的情况下，利用电气设备面板上开关、旋钮、按钮等调试检查，缩小故障范围。首先排除外部部件引起的故障，再检修机内的故障，尽量避免不必要的拆卸。

6）先不通电测量，后通电测试。首先在不通电的情况下，对电气设备进行检修；然后再在通电情况下，对电气设备进行检修。对许多发生故障的电气设备进行检修时，不能立即通电，否则会人为扩大故障范围，烧毁更多的元器件，造成不应有的损失。因此，在故障车通电前，先进行电阻测量，采取必要的措施后，方能通电维修。

7）先修公用电路，后修专用电路。任何电气系统的公用电路出故障，其能量、信息就无法传送、分配到各具体的专用电路，专用电路的功能、性能就不起作用。如一个电动自行车的电源出故障，整个系统就无法正常运转，仪表和灯具部分均无电。因此遵循先公用电路、后专用电路的顺序，就能快速、准确地排除电气设备的故障。

8）总结经验，提高效率。电气系统出现的故障五花八门、千奇百怪。任何一辆有故障的电动自行车电气系统在检修完，应该把故障现象、原因、检修经过、技巧、心得记录在专用笔记本上，学习掌握各种新型电动自行车电气系统机电理论知识，熟悉其工作原理，积累维修经验，将自己的经验上升为理论。在理论指导下，具体故障具体分析，才能准确、迅速地排除故障。只有这样才能把自己培养成为检修电气故障的行家里手。

第七章 充电器、控制器故障的维修方法和实例

★★★ 第二节 充电器、控制器故障维修实例 ★★★

一、充电器熔丝烧断 ★★★

电路原理图如图 5-13 所示。该故障一般发生在开关变压器一次侧之前，常见的故障如下。

1）整流桥某一臂反向电阻较小或短路。

2）150μF/400V 滤波电容器漏电或击穿。一般能发现电容器爆裂或漏液。

3）场效应管击穿。测电源场效应管 D、S 极短路，同时能发现 UC3843 爆裂，场效应管的 S 极电阻（一般为 0.39Ω）和 G 极电阻（一般为 22Ω）烧裂或烧黑。有的在场效应管的 G 极与地之间接一稳压二极管，这时也会被击穿。

4）并联在场效应管 D、S 极上的电容器（一般为 470pF/1kV）击穿短路。一般能发现该电容器爆裂。该故障还有可能损坏场效应管 S 极电阻（0.39Ω）和 UC3843 集成电路。

二、充电器熔丝未断，但充电器无输出 ★★★

电路原理图如图 5-12 所示。此故障可能为电源本身故障，也可能是负载出现故障。可分以下几种情况。

1）通电后测 150μF/400V 滤波电容器两端无 300V 直流电压，该故障为 150μF/400V 滤波电容器之前的电路有开路，包括电源开关损坏而不通。

2）通电后测 150μF/400V 滤波电容器两端有 300V 直流电压，且关机后能长时间保持不变，此故障一般为起动电阻开路。由于 150μF/400V 滤波电容器两端有 300V 电压且无放电回路，因此维修时切记先放电再检查，避免电击危险。

3）开机后测 150μF/400V 滤波电容器两端有 300V 直流电压，但关机后很快消失，此时说明起动电阻已损坏，常出现的故障有：

① 变压器二次侧各路整流二极管有短路，此时测 UC3842 的 7 脚约有 12V 电压且波动。

② UC3842 损坏或其外围元器件有损坏。此时 UC3842 的 7 脚有大于 12V 的电压但不波动，测开关变压器二次侧各路整流二极管无短路。

③ 电源电压偏高的原因有两个：一是电源中输出电压调整电位器接触不良；二是 UC3842 2 脚取样电路中的滤波电容器失效。

三、插上电源后充电器不工作 ★★★

电路原理图如图 5-12 所示。先测量熔丝管、4 只桥式整流二极管均正常，并且在接通 220V 电源后，滤波电解电容器上亦有正常的 300V 直流电压。该充电器开关电源属于 UC3842 脉冲调制、单只场效应开关管形式的电路。用万用表电压档测场效应管 VT1 的 D 极电压为 0V。因为 FU1、VD1 等主回路中的元器件均完好，VT1 击穿造成 D 极电压为"0"的情况可能性不大。另一种可能是 VT1（D 极）回路环节中有开路，则 VT1 的 D 极上电压

同样可为 0。因为变压器 T1 绕组用线较粗，所以不可能烧断；重点检查其引脚在电路板上的焊点，目测并未见异常。然而，当用表笔触及变压器焊盘时，却察觉稍有晃动，很可能焊点已"外实内虚"。随即，重新加以补焊后接通电源试机，充电器工作恢复正常。

四、充电器不能充电并且熔丝管、1 只整流二极管和开关管烧毁 ★★★

分析故障原因可能是先由已损器件（二、三极管）中的某个器件工作不稳定，造成工作异常，导致电流骤升连锁烧毁其他多个器件。将坏件全部换为质量好的新品后，接下来再对其他部分仔细检查。检查过程中发现，当手触及电解电容器时，可感到其有些松动；细观其板上焊点，才发现上面存在极细微的裂缝已脱焊，导致开关电源 300V 直流供电出现不稳定，而且纹波增大会造成开关电源发生自激，电流异常骤增继而烧毁了主回路中的整流管、功率开关管、熔丝管等器件。于是，对该电解电容器重新焊接处理，并试机正常后，故障未再出现，充电功能恢复正常。

五、充电器通上交流电后红绿指示灯都不亮 ★★★

故障现象：充电器通上交流电后，红绿指示灯都不亮。

维修方法：

1）检查测量交流 220V 电源插座有无电压，如果无电压应恢复供电，如图 7-1 所示。如果有电压，检查电源插头是否插紧，并重新插好。

图 7-1　测量交流 220V 电源插座

2）切断电源，打开充电器外壳，用万用表蜂鸣器档检查电源 220V 进线是否断裂，如果断裂应更换新线，如图 7-2 所示。

图 7-2　检测电源 220V 进线

第七章 充电器、控制器故障的维修方法和实例

3）使用万用表蜂鸣器档，检测充电器电源熔丝管是否熔断，若熔断，应换上同规格的熔丝管，如图7-3所示。

4）使用万用表二极管档，检测整流二极管是否损坏，如果损坏应更换同型号的新件，如图7-4所示。

5）测量300V滤波电容器两端是否有300V左右直流电压，如图7-5所示。

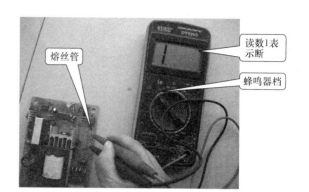

图7-3 检测熔丝管

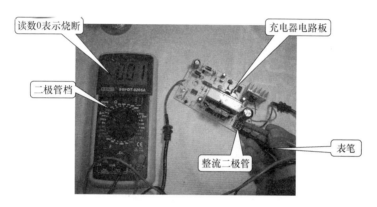

图7-4 检测整流二极管

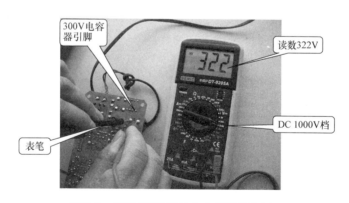

图7-5 测量300V滤波电容器两端电压

六、充电器通上交流电，红绿指示灯亮，没有电压输出 ★★★

故障现象：充电器红绿指示灯亮，用万用表测量充电器没有电压输出。

维修方法：

1）断开充电器电源，用万用表蜂鸣器档测量充电器的直流输出线是否断路，如果断路，应更换新线，如图7-6所示。

2）使用万用表蜂鸣器档测量充电器内直流输出熔丝管（3A或5A）是否熔断，如果熔

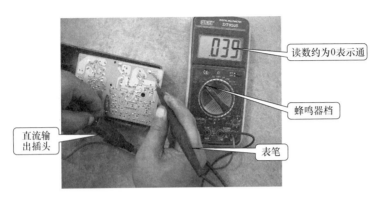

图 7-6 测量充电器的直流输出线

断应更换新件,如图 7-7 所示。

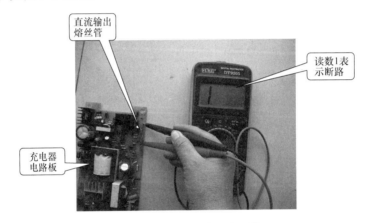

图 7-7 检查直流输出熔丝管

3) 使用万用表二极管档测量防反接二极管是否短路,如果短路,应更换新件,如图 7-8 所示。

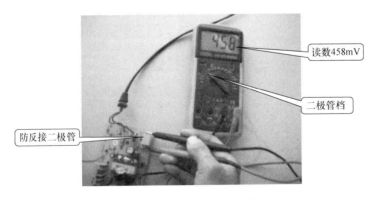

图 7-8 测量防反接二极管

4) 测量直流输出级滤波电容器（100V/220μF）两端是否有电压（48V 充电器电压为 56V 左右,60V 充电器电压为 70V 左右）,如图 7-9 所示。

第七章 充电器、控制器故障的维修方法和实例

图 7-9 测量直流输出级滤波电容器

七、充电器通上 220V 市电后，红绿指示灯有时亮，有时灭 ★★★

故障现象：充电器通上交流电后，红绿指示灯时亮时灭，说明电路接触不良。

维修方法：

1）检查充电器交流 220V 插头与插座是否接触不良，并重新插好，如图 7-10 所示。

2）检测充电器交流电源线和一次交流熔丝管是否熔断或接触不良，如图 7-11 所示。

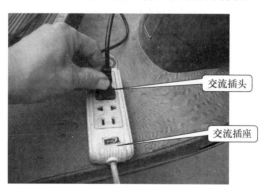

图 7-10 检测交流插头与插座

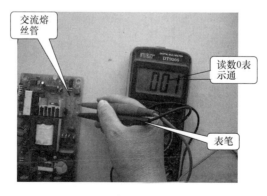

图 7-11 检测交流熔丝管

3）使用放大镜检查变压器和开关管等体积较大的元器件引脚是否有虚焊和接触不良，如图7-12所示。

4）如果有虚焊点，可以使用电烙铁进行补焊，如图7-13所示。

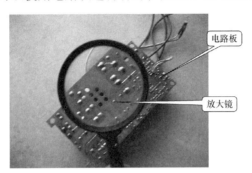

图7-12　检查虚焊点

图7-13　电烙铁补焊

八、充电器对蓄电池充电时，通电后绿色指示灯亮，但不充电 ★★★

故障现象：充电器插上蓄电池盒插座，充电指示灯为绿色指示灯，但不充电。

1）首先检查充电器插头与蓄电池插座是否插好，插头与插座是否损坏，如图7-14所示。

2）用万用表直流电压档测量充电器输出电压（48V充电器为56V左右；60V充电器为70V左右；72V充电器为84V左右），如果无电压，说明充电器损坏，打开充电器维修或更换充电器，如图7-15所示。

3）检测蓄电池盒充电插座是否有电压，如图7-16所示。

4）如果无电压，打开蓄电池盒，检查蓄电池连接线是否有断路。如果断路，应重新焊接好连线，如图7-17所示。

5）使用蓄电池表检测每只蓄电池是否有断路、开路，如果无电压和内阻过大，说明蓄电池损坏，应更换新蓄电池，如图7-18所示。

第七章 充电器、控制器故障的维修方法和实例

图 7-14 检查蓄电池插头、插座

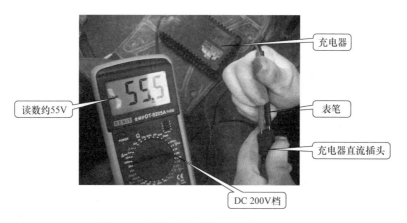

图 7-15 测量充电器输出电压

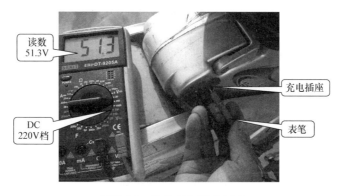

图 7-16 检测充电插座电压

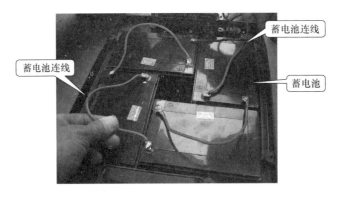

图 7-17 检查蓄电池连线

图 7-18 检测蓄电池

九、充电器整流滤波电路不稳定 ★★★

故障现象：充电器整流滤波电路不稳定，造成充电器输出电压不稳定。

维修方法：

1）检查整流部分元器件引脚是否有开焊和接触不良，如果有，则重接焊好，如图 7-19 所示。

图 7-19 检查元器件引脚

2）用万用表检测整流二极管是否击穿，如果损坏，应更换同型号新件，如图 7-20

所示。

图 7-20　检测整流二极管

3) 检查 300V 滤波电容器是否断路、开焊、失容，如图 7-21 所示。

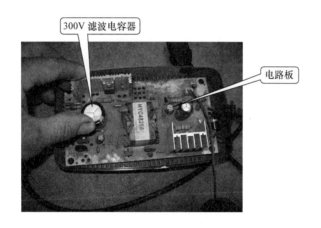

图 7-21　检查 300V 滤波电容器

十、充电器充电时外壳发热 ★★★

故障现象：充电器充电时外壳发热。

维修方法：

1) 检测交流 220V 电压是否过高，而造成充电器发热量很大，外壳变形，如图 7-22 所示。

2) 打开充电器外壳，检查充电器内电子元器件是否有虚焊，如有应重新进行补焊，如图 7-23 所示。

3) 如果是 48V 充电器，用手转动风机是否旋转正常，如果损坏，应更换新风机，如图 7-24 所示。

十一、36V 电动车有刷控制器没有输出 ★★★

故障现象：有刷控制器没有输出。

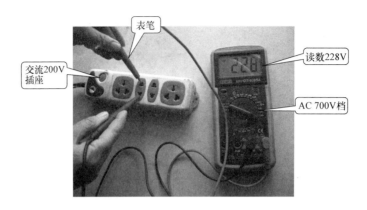

图 7-22　检测交流电压

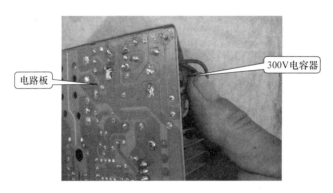

图 7-23　检查是否有虚焊

图 7-24　检查充电器风机

故障原因：一是调速转把损坏，二是控制器损坏。

维修方法：

1）断开刹把的两芯插件，打开电源锁，转动转把试车，如果电动车车轮旋转，说明刹把损坏，应更换新刹把。

2）将万用表置于 DC 20V 档，首先测量转把 5V 供电，如图 7-25 所示。

第七章 充电器、控制器故障的维修方法和实例

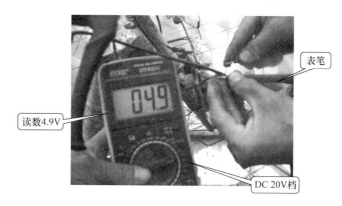

图 7-25 测量转把 5V 供电

3）转动转把，用万用表测量转把绿色信号线与黑色地线之间电压，应有 1~4.2V（实测 0.8~3.5V）电压变化。如果无电压变化说明转把损坏，应更换新转把，如图 7-26 所示。

图 7-26 测量转把信号电压

4）下一步用万用表 DC 200V 档，转动转把，测量控制器两根输出线（与电动机两根引线相连），电压应在 0~40V 之间，否则说明控制器损坏，应更换同型号的控制器，如图 7-27 所示。

图 7-27 控制器引线电压测量

十二、电动车打开电源锁就飞车 ★★★

故障现象：电动车飞车。

故障原因：一是转把损坏；二是控制器损坏（MOS 管击穿）；三是转把红、绿线短路；四是转把黑色地线断路。

维修方法：

1）首先断开转把 3 根引线，如果不飞车，说明转把损坏；如果还飞车，说明控制器损坏。

2）如果不能排除故障，还要检查转把红、绿线是否短路及转把黑色地线是否断路。

十三、控制器供电电压不正常 ★★★

故障现象：控制器内部供电电源损坏。

维修方法：

控制器内部供电电源一般采用三端稳压集成电路，如图 7-28 所示。三端稳压集成电路，有三个引脚，输入、输出、地线引脚。常见型号有 7805、7806、7808、7812、7815 等，它们输出电压分别是 5V、6V、8V、12V、15V。

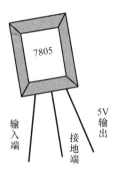

图 7-28　三端稳压集成电路引脚

将万用表置于 DC 20V 档，黑表笔与红表笔分别搭在转把的黑线和红线上，观察万用表读数是否与标称电压相符（5V 左右），它们的上下电压差不应超过 0.5V，否则说明控制器内部电源出现故障了。一般控制器可以通过更换三端稳压集成电路排除故障。

十四、无刷控制器内部 MOS 管击穿 ★★★

故障现象：无刷控制器内部 MOS 管击穿损坏，造成控制器无输出。

维修方法：

1）使用十字形螺丝刀打开控制器外壳，如图 7-29 所示。

2）抽出控制器电路板，如图 7-30 所示。

3）使用数字式万用表的二极管档，逐一测量控制器 MOS 管，如果 MOS 管击穿（读数为 0），说明 MOS 管损坏，如图 7-31 所示。

4）使用电烙铁拆下损坏的 MOS 管，用相同型号的更换，如图 7-32 所示。

5）最后，将控制器电路板安装好，用螺丝刀将固定螺栓复原，如图 7-33 所示。

第七章 充电器、控制器故障的维修方法和实例

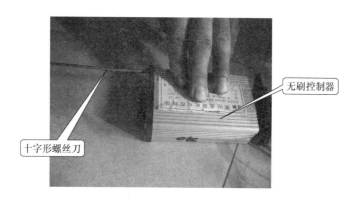

图 7-29　打开控制器外壳

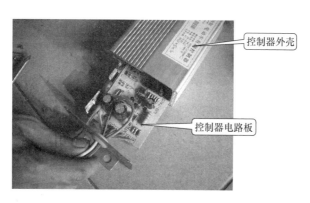

图 7-30　抽出控制器电路板

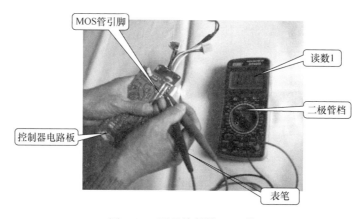

图 7-31　测量控制器 MOS 管

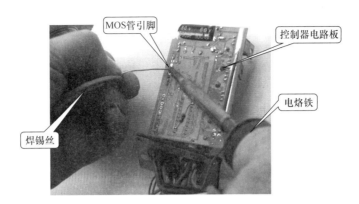

图 7-32　更换 MOS 管

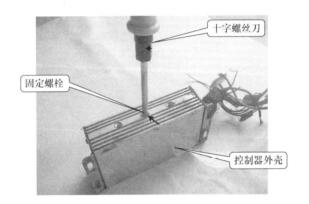

图 7-33　将控制器复原

附　　录

★★★ 附录A　控制器常用集成电路引脚参数 ★★★

★ 1. TL494工作时的各引脚电压值

引脚号	1	2	3	4	5	6	7	8	9	10	11	12	13	14	15	16
电压/V	3.2	3.2	4	0.5	2.2	3	0	2.1	0	0	2.1	2	5	5	0.15	0

★ 2. 无刷控制器常用芯片MC33033、MC33035引脚参数

无刷控制器芯片型号	MC33033	MC33035
基准电压6.25V	7	8
V_{CC}	14	17
GND	13	16
相角调整	18	22
传感器输入	4、5、6	4、5、6
上管驱动	2、1、20	2、1、24
下管驱动	17、16、15	21、20、19

★ 3. 无刷控制器常用 IR 系列芯片引脚参数

无刷控制器 芯片型号	IR2103 (S)	IR2110	IR2113	IR2181 (3/4)	IR21884 (2S)	IR21844 (S)
V_{CC}	1	3	3	5	1	7
GND	4	2	2	3	12	5
上管驱动	7	7	7	7	27、23、19	12
下管驱动	5	1	1	4	16、15、14	6

★★★ 附录B 充电器、控制器常用二极管和三极管参数 ★★★

★ 1. 电动自行车中常用的二极管参数

型号		耐电压/V	电流/A
1N4148	开关二极管	100	0.2
1N4007	普通整流管	1000	1
1N4701	普通整流管	50	1
1N4704	普通整流管	400	1
1N5399	普通整流管	1000	1.5
1N5400	普通整流管	50	3
1N5404	普通整流管	400	3
1N5407	普通整流管	800	3
TVR4N	普通整流管	800	1.2
6A4	普通整流管	400	6
6A05	普通整流管	50	6
6A10	普通整流管	1000	6
FR107	快恢复二极管	1000	1
FR151	快恢复二极管	50	1.5
FR157	快恢复二极管	1000	1.5

★ 2. 电动自行车中常用的稳压二极管参数

型号	稳压值/V	功率/W
1N4733	5.1	1
1N4735	6.2	1
1N4742	12	1
1N4743	13	1
1N4744	15	1
1N4745	16	1
1N4746	18	1
1N4747	20	1
1N4749	24	1
1N4753	36	1

★ 3. 常用的中小功率三极管参数

型号	材料与极性	P_{cm}/W	I_{cm}/mA	BV_{cbo}/V	f_t/MHz
3DG6C	SI-NPN	0.1	20	45	>100
3DG7C	SI-NPN	0.5	100	>60	>100
3DG12C	SI-NPN	0.7	300	40	>300
3DG111	SI-NPN	0.4	100	>20	>100
3DG112	SI-NPN	0.4	100	60	>100
3DG130C	SI-NPN	0.8	300	60	150
3DG201C	SI-NPN	0.15	25	45	150
C9011	SI-NPN	0.4	30	50	150
C9012	SI-PNP	0.625	-500	-40	—
C9013	SI-NPN	0.625	500	40	
C9014	SI-NPN	0.45	100	50	150
C9015	SI-PNP	0.45	-100	-50	100
C9016	SI-NPN	0.4	25	30	620
C9018	SI-NPN	0.4	50	30	1100
C8050	SI-NPN	1	1500	40	190
C8580	SI-PNP	1	-1500	-40	200
2N5551	SI-NPN	0.625	600	180	—
2N5401	SI-PNP	0.625	-600	160	100
2N4124	SI-NPN	0.625	200	30	300

★ 4. 三极管各极之间的正常电阻值

(单位：kΩ)

三极管类型	b-e		b-c		c-e	
	正向	反向	正向	反向	正向	反向
普通三极管	3~10	∞	3~10	∞	∞	∞
含有偏置电阻的三极管	10~15	∞	3~10	∞	∞	∞
行输出管	≈0	≈0	3~10	∞	∞	3~10

检测时的测量结果与说明的问题如下：

(1) 普通三极管 b 极（基极）与 c（集电极）、e 极（发射极）之间的测量结果与说明

的问题

1）正反向电阻为0Ω，可判断基极与发射极之间的发射结开路或基极与集电极之间开路；正向电阻阻值大于10kΩ，可判断三极管的相应结电阻变大，也就说明三极管的性能变差；正向电阻值约等于0，可判断被测三极管的发射结或基极与集电极存在漏电。

2）反向电阻有阻值，就说明被测三极管的基极与发射极或集电极之间存在漏电。

（2）普通三极管发射极与集电极之间的测量结果

正向或反向电阻只要有一个阻值，无论阻值大小，都可判断被测两极之间漏电。阻值越小，漏电越严重，也就说明这个三极管有问题。如果正、反向电阻均约为0，说明被测三极管的发射极与集电极之间的结击穿。

（3）内部含有偏置电阻的三极管两极之间的测量结果与说明的问题

测量方法与说明问题同上，只是b-e结正常值为10~15kΩ。

★ 5. 控制器常用场效应管参数

型号	耐电压 U_{ds}/V	电流 I_D/A	导通电阻 $R_{DS(ON)}$	功率/W
RFP70N06	60	70	<0.014Ω（70A）	150
HPF3205	55	110	<0.08Ω（59A）	200
IRF3710	100	57	23mΩ	200
IRF150	100	40	0.055Ω	—
IRFZ44N	55	49	<0.022Ω（25A）	110
FQP70N10	100	57	<0.019Ω	160
SSH70N10A	100	70	<0.023Ω	300
FQA140N10	100	140	<0.01Ω	375
FQA70N10	100	70	<0.023Ω	214
FQA160N8	80	160	<0.007Ω	375
FQP65N06	60	65	<0.016Ω	150
FQP70N08	80	70	<0.017Ω	155
2SK2551	50	50	0.011Ω（25A）	150
2SK2313	60	60	0.011Ω（30A）	150
2SK2267	60	60	0.011Ω（30A）	150
2SK2690-01	60	80	0.01Ω	125
2SK2554	60	75	0.006Ω（40A）	150
2SK1836	450	50	<0.1Ω（25A）	250
2SK2753-01	120	50	<0.032Ω	150
2SK2883-R	120	50	<0.045Ω	100

（续）

型号	耐电压 U_{ds}/V	电流 I_D/A	导通电阻 $R_{DS(ON)}$	功率/W
IRFP2610	200	46	<0.055Ω（28A）	280
FS70SMJ	150	70	7~17mΩ	—
IRF2807	75	82	13mΩ	230
IRFP2907	75	209	4.5mΩ	470
P75NF75	75	80	<0.011Ω	300
LXTK250N10	100	250	<0.005Ω	—
STW80N06	60	80	<0.0085Ω	150
RFP70N06	60	70	<0.014Ω（70A）	150
HPF3205	55	110	<0.08Ω（59A）	200
IRF3710	100	57	23mΩ	200
IRF150	100	40	0.055Ω	—
IRFZ44N	55	49	<0.022Ω（25A）	110
IRF1607	75	142	<0.0075Ω	—
FQP70N10	100	57	<0.019Ω	160
SSH70N10A	100	70	<0.023Ω	300
FQA140N10	100	140	<0.01Ω	375
FQA70N10	100	70	<0.023Ω	214
FQA160N8	80	160	<0.007Ω	375
FQP65N06	60	65	<0.016Ω	150
FQP70N08	80	70	<0.017Ω	155
2SK2551	50	50	0.011Ω（25A）	150
2SK2313	60	60	0.011Ω（30A）	150
2SK2267	60	60	0.011Ω（30A）	150
2SK2690-01	60	80	0.01Ω	125
2SK2554	60	75	0.006Ω（40A）	150
2SK1836	450	50	<0.1Ω（25A）	250
2SK2753-01	120	50	<0.032Ω	150
2SK2883-R	120	50	<0.045Ω	100

附 录

（续）

型号	耐电压 U_{ds}/V	电流 I_D/A	导通电阻 $R_{DS(ON)}$	功率/W
IRFP2610	200	46	<0.055Ω（28A）	280
FS70SMJ	150	70	7~17mΩ	—
IRF1607	75	142	<0.0075Ω	380
IRF2807	75	82	13mΩ	230
IRFP2907	75	209	4.5mΩ	470
STP75NF75	75	80	<0.011Ω	300
LXTK250N10	100	250	<0.005Ω	—
STW80N06	60	80	<0.0085Ω	150

★★★ 附录C 不同容量电容器正常时正反向电阻值 ★★★

电容器种类	容量	指针摆动范围（指针式万用表）				测量档位
		最小值		最大值		
		正向测	反向测	正向测	反向测	
电解电容器	500μF 及以上	≈0Ω	≈0Ω	>500kΩ	>400kΩ	R×100
	100～500μF	<5kΩ	<10kΩ	>500kΩ	>400kΩ	R×100
	22～100μF	<10kΩ	<20kΩ	>500kΩ	>450kΩ	R×1k
	1～22μF	<30kΩ	40kΩ	∞	>500kΩ	R×1k
	1μF 以上	<100kΩ	200kΩ	∞	∞	R×1k
其他电容器	0.047～1μF	指针微动	指针微动	∞	∞	R×1k
	0.01～0.047μF	指针微动	指针微动	∞	∞	R×1k
	0.01μF 以下	指针不动	指针不动	指针不动	指针不动	R×1k

★★★ 附录D 五色环电阻器的识别 ★★★

色环颜色	第一色环 电阻值第一位 有效数字	第二色环 电阻值第二位 有效数字	第三色环 电阻值第三位 有效数字	第四色环 电阻值有效数 后0的个数（倍乘）	第五色环 电阻值 精度（%）
黑	0	0	0	$\times 10^0 = 1$	—
棕	1	1	1	$\times 10^1 = 10$	±1
红	2	2	2	$\times 10^2 = 100$	±2
橙	3	3	3	$\times 10^3 = 1k$	—
黄	4	4	4	$\times 10^4 = 10k$	—
绿	5	5	5	$\times 10^5 = 100k$	±0.5
蓝	6	6	6	$\times 10^6 = 1M$	±0.25
紫	7	7	7	$\times 10^7 = 10M$	±0.1
灰	8	8	8	$\times 10^8 = 100M$	—
白	9	9	9	$\times 10^9 = 1000M$	—
金	—	—	—	$\times 10^{-1} = 0.1$	—
银	—	—	—	$\times 10^{-2} = 0.01$	—

★★★ 附录 E　国产半导体三极管的命名及具体代号参考表 ★★★

第一部分		第二部分		第三部分			
用数字表示器件的电极数目		用汉语拼音字母表示器件的材料和极性		用汉语拼音字母表示器件的类别			
2	二极管	A	N型锗材料	P	普通管	N	阻尼管
		B	P型锗材料	W	稳压管	F	发光管
		C	N型硅材料	Z	整流管	U	光电管
		D	P型硅材料	L	整流堆	S	隧道管
				K	开关管		
3	三极管	A	PNP锗材料	X	低频小功率管		
		B	NPN锗材料	G	高频小功率管		
		C	PNP硅材料	D	低频大功率管		
		D	NPN硅材料	A	高频大功率管		
		E	化合物材料				

★★★ 附录 F 充电器常见故障排除流程 ★★★

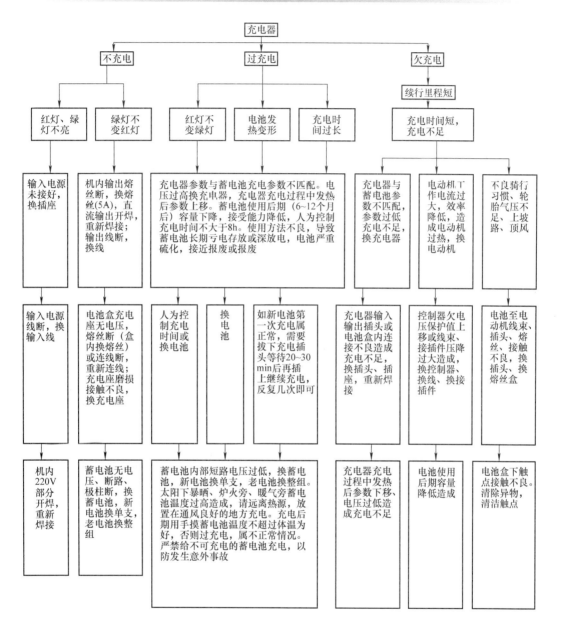

附录 G　UC3842 控制的反激式开关电源原理图

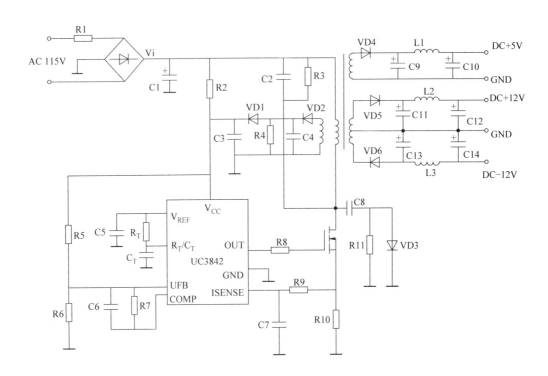

附录 H 绿佳电动车电气原理图

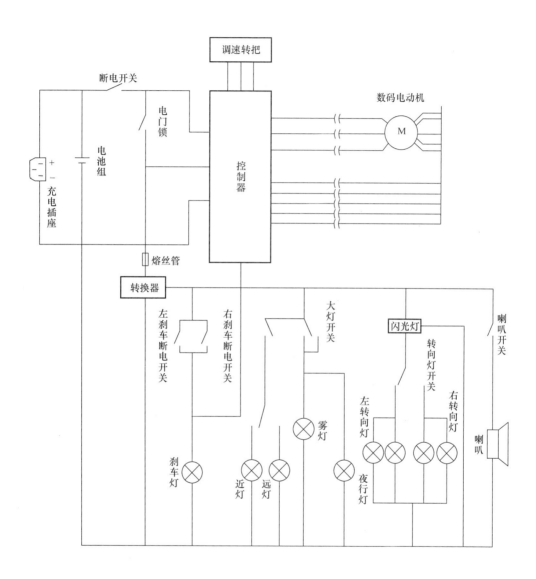

★★★ 附录 I 台铃电动三轮车电气原理图 ★★★

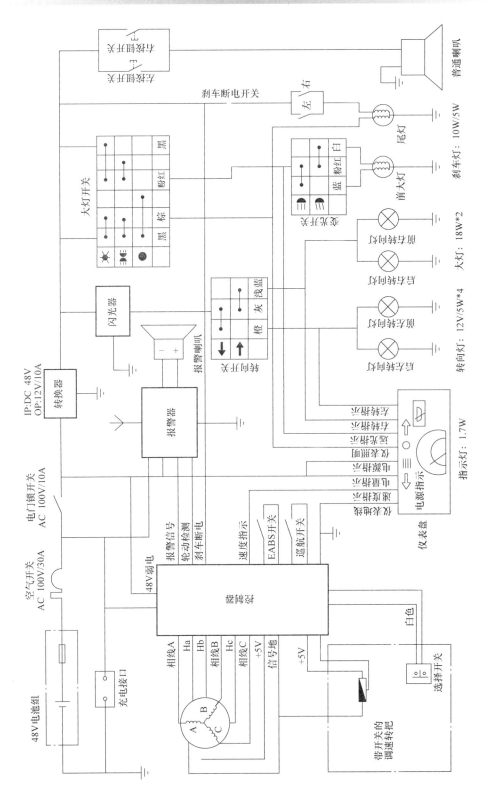

★★★ 附录 J 新日无刷电动三轮车电气原理图 ★★★

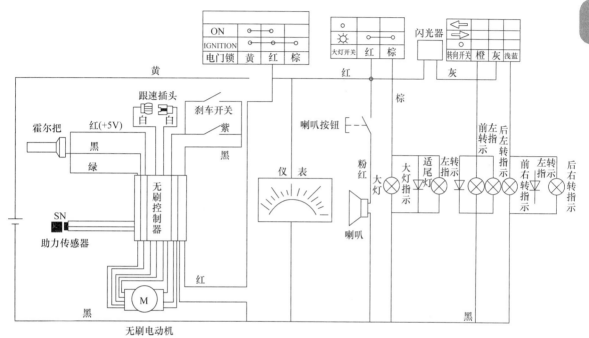